ENERGIERECHT

Beiträge zum deutschen, europäischen
und internationalen Energierecht

Herausgegeben von
Jörg Gundel und Knut Werner Lange

19

Herausforderungen und Probleme der Digitalisierung der Energiewirtschaft

Tagungsband der
Achten Bayreuther Energierechtstage 2017

Herausgegeben von
Jörg Gundel und Knut Werner Lange

Mohr Siebeck

Jörg Gundel, geboren 1967; Studium der Rechtswissenschaft an den Universitäten Erlangen-Nürnberg und Aix-Marseille (1990 Maître en droit); 1996 Promotion; 2002 Habilitation; Inhaber des Lehrstuhls für Öffentliches Recht, Völker- und Europarecht an der Universität Bayreuth. Geschäftsführender Direktor der dortigen Forschungsstelle für deutsches und europäisches Energierecht.

Knut Werner Lange, geboren 1964; Studium der Rechtswissenschaft in Konstanz; 1994 Promotion; 1997 Habilitation; Inhaber des Lehrstuhls für Bürgerliches Recht, deutsches und europäisches Handels- und Wirtschaftsrecht an der Universität Bayreuth. Direktor der dortigen Forschungsstelle für deutsches und europäisches Energierecht.

ISBN 978-3-16-155679-1
ISSN 2190-4766 (Energierecht)

Die Deutsche Nationalbibliothek verzeichnet diese Publikation in der Deutschen Nationalbibliographie; detaillierte bibliographische Daten sind im Internet über *http://dnb.dnb.de* abrufbar.

© 2017 Mohr Siebeck Tübingen. www.mohr.de

Das Werk einschließlich aller seiner Teile ist urheberrechtlich geschützt. Jede Verwertung außerhalb der engen Grenzen des Urheberrechtsgesetzes ist ohne Zustimmung des Verlags unzulässig und strafbar. Das gilt insbesondere für Vervielfältigungen, Übersetzungen, Mikroverfilmungen und die Einspeicherung und Verarbeitung in elektronischen Systemen.

Das Buch wurde von Gulde Druck in Tübingen gesetzt, auf alterungsbeständiges Werkdruckpapier gedruckt und gebunden.

Vorwort

Der Tagungsband enthält die Referate der 8. Bayreuther Energierechtstage, die vom 16. bis 17. März 2017 von der Forschungsstelle für deutsches und europäisches Energierecht der Universität Bayreuth veranstaltet wurden. Sie werfen, jedes für sich genommen, aber auch in der Gesamtschau, einen spezifischen Blick auf die vielfältigen Herausforderungen, Chancen und Probleme der zunehmenden Digitalisierung der Energiewirtschaft in Deutschland. Der Strommarkt 2.0, das Gesetz zur Digitalisierung der Energiewende und das neue MsbG gestalten die Energiebranche erneut erheblich um. Das »Gesetz zur Weiterentwicklung des Strommarktes (Strommarktgesetz)« vom 26. Juli 2016 wird von der Bundesregierung selbst als die größte Reform des Strommarktes »seit der Liberalisierung der Energiemärkte in den 90er Jahren« gefeiert.

Die Digitalisierung hält vermehrt Einzug und schafft völlig neue Möglichkeiten, auf deren Grundlage derzeit moderne, zukunftsweisende Geschäftsmodelle entwickelt werden. Auf der einen Seite werden privaten wie industriellen Endkunden attraktive Mehrwertdienste versprochen. Auf der anderen Seite ist von sog. disruptiven Marktentwicklungen die Rede, bei denen nicht mehr der kontinuierliche Fortschritt das Bild bestimmt, sondern eine massive Umwälzung der Branche droht. Moderne, intelligente Stromnetze, die aus einer Verbindung von Stromleitungen mit Kommunikations-, Informations-, Mess- und Regeltechnik bestehen, sind in der Lage, selbstständig Daten über Last und Zustand im Netz zu kommunizieren und sogar Anlagen autonom zu steuern. Verbunden sind sie mit sog. Smart Meters, also intelligenten Stromzählern, die nicht länger nur den Verbrauch und die Nutzungsdauer messen, sondern zusätzlich als eine Art bidirektionale Kommunikationsschnittstelle fungieren und wechselseitig interagieren können. Das im Spätsommer 2016 in Kraft getretene MsbG sieht einen weitreichenden, möglichst flächendeckenden Pflichteinbau solcher Smart Meters vor, den sog. Smart-Meter-Rollout. Die Einführung dieses Gesetzes und die geänderten Rahmenbedingungen, die das Gesetz zur Digitalisierung der Energiewende für die Marktteilnehmer aufgestellt hat, gehen weit über eine bloße Modernisierung der vorhandenen Messtechnik hinaus. Der staatlicherseits geforderte Aus- und Umbau der Netzinfrastruktur wird, so die Prognose, die bestehenden Geschäftsmodelle erheblich verändern. Beratungsunternehmen sprechen gar euphorisch von einer vollständigen Transformation der Energiebranche.

In der dezentralen und digitalisierten neuen Energiewelt werden fast alle Marktteilnehmer untereinander vernetzt sein, um so Energieerzeugung, Speicherung und Verbrauch optimal und rasend schnell aufeinander abstimmen zu können. Einzelne Energiesektoren sollen, so die Forderung, nicht länger separat betrachtet werden, sondern ineinander greifen und mit verwandten Branchen verbunden werden. Das Stichwort lautet hier »Sektor-Koppelung«, also namentlich Strom-Wärme und Strom-Elektromobilität. Eines ist trotz dieser gewaltigen Veränderungen, die sich am Horizont bereits abzeichnen und die je nach Persönlichkeitsstruktur euphorisch oder skeptisch betrachtet werden, sicher: Auch in Zukunft bleiben die Netze das Rückgrat der Energieversorgung; ohne sie findet keine wie auch immer geartete Energiewende statt. An die Energienetze wird nun die Forderung gerichtet, sie müssten zu sog. smarten oder intelligenten Netzen ausgebaut bzw. ertüchtigt werden, stellen sie doch die Kommunikation zwischen den integrierten, intelligenten Geräten sicher. Die Smart Grids der Zukunft werden auch mit Blick auf ihre Funktionen bei der Datenkommunikation als kritische Infrastruktur zu begreifen sein.

Bei vielen Verbrauchern wächst gleichzeitig die Sorge vor immer weiter steigenden Energiekosten und einem unkontrollierten Abgreifen ihrer persönlichen Daten. Da die Diskussion über die Digitalisierung der Strombranche derzeit vorrangig aus unternehmerischer bzw. betrieblicher Sicht geführt wird, ist es ein Anliegen der FER, dass auch der private Endverbraucher mit seinen Bedürfnissen angemessen Gehör findet. So besteht die Gefahr, dass die Sorge um die eigenen Daten – neben der Kostenproblematik – die Akzeptanz beim Bürger gefährdet.

Der Beitrag von *Franke* und *Gorenstein* mit dem Titel »Auf dem Weg zu einer digitalen Energiewirtschaft« stellt ausführlich die Herausforderungen, aber auch die Chancen dar, die die digitale Transformation der Energiemärkte mit sich bringt. Es geht dabei um die erheblichen Umwälzungen auf den Märkten ebenso wie um die Veränderungen für einzelne Akteure. Intensiv befassen sich beide Verfasser mit der Bedeutung von Daten und deren Weitergabe in der digitalisierten Energiewelt.

Die rechtlichen, technischen und wirtschaftlichen Vorgaben des Smart-Meter-Rollouts untersucht *Gabler*. Einen Schwerpunkt legt er dabei auf eine mögliche Begrenzung der Ausstattungsverpflichtung mit modernen Messeinrichtungen. Vor allem die wirtschaftliche Vertretbarkeit der Ausstattungsverpflichtung mit den festen Preisobergrenzen sieht er kritisch und betont die Gefahren, falls sich dieser Ansatz als unrealistisch erweisen sollte.

Die »Digitalisierung in Fernwärmesystemen« wird im Aufsatz von *Fricke* kritisch und kenntnisreich untersucht. Dem Verfasser geht es einerseits um die Nutzungsmöglichkeiten der Digitalisierung auf diesem Markt und andererseits um den dabei zu beachtenden Rechtsrahmen. Sehr genau geht er in seiner Analyse auf die Besonderheiten des Fernwärmesektors ein.

Böhme und *Riemer* untersuchen in ihrem Beitrag »Die Wahl des Messstellenbetreibers nach den §§ 5, 6 MsbG«. Bei dieser Thematik geht es neben der Darstellung der Auswahlrechte nach dem neuen MsbG vor allem um das Verhältnis der einzelnen Wahlrechte zueinander und um die Rechtsfolgen einer Auswahlentscheidung für laufende Messstellenverträge. Ihre verfassungsrechtlichen Erwägungen verdeutlichen, wie problematisch die Eingriffe des Gesetzgebers in die Vertragsfreiheit der Akteure sind.

Sieverding wendet sich dem »Verbraucherschutz in digitalisierten Energiemärkten« zu. Dabei geht er auf Einsparpotenziale für private Verbraucher ebenso ein wie auf moderne sog. Smart-Home-Systeme. Kritisch untersucht er die Dynamik der Digitalisierung im Energiebereich und verschiedene Trends und Themen aus Sicht eines modernen Verbraucherschutzes.

Dem kontrovers diskutierten Thema »Datenschutz in digitalisierten Energiemärkten« widmet sich schließlich der Beitrag von *Wolff*. Seine Untersuchung befasst sich mit den Voraussetzungen nach dem deutschen BDSG ebenso wie mit den Anforderungen nach der europäischen Datenschutzgrundverordnung. Beide Regelwerke bilden die Messlatte für seine sorgfältige datenschutzrechtliche Prüfung des MsbG und einen möglichen staatlichen Eingriff in die informationelle Selbstbestimmung.

Die Forschungsstelle für deutsches und europäisches Energierecht ist seit dem Herbst 2016 Kooperationspartnerin der vom Bundesministerium für Bildung und Forschung geförderten »Kopernikus-Projekte für die Energiewende«. Darin werden über einen Zeitraum von zehn Jahren gemeinsam von Wissenschaft, Wirtschaft und Zivilgesellschaft technologische und wirtschaftliche Lösungen für den Umbau des Energiesystems entwickelt. Die größte Forschungsinitiative zur Energiewende unterteilt sich in vier Schlüsselbereiche: die Entwicklung von Stromnetzen, die Speicherung überschüssiger erneuerbarer Energie durch Umwandlung in andere Energieträger, die Neuausrichtung von Industrieprozessen auf eine fluktuierende Energieversorgung und das verbesserte Zusammenspiel aller Sektoren des Energiesystems.

Die FER ist Teil des Konsortiums mit dem Titel »Synchronisierte und energieadaptive Produktionstechnik zur flexiblen Ausrichtung von Industrieprozessen auf eine fluktuierende Energieversorgung« (SynErgie). Es möchte durch Nutzung der Flexibilität energieintensiver Industrieprozesse einen entscheidenden Beitrag zum Gelingen der Energiewende liefern. Energieintensive Industrieprozesse sollen dabei so in das zukünftige Energiesystem integriert werden, dass das zunehmende Angebot volatiler erneuerbarer Energien im Stromsystem genutzt und balanciert werden kann. Die FER analysiert praxisorientiert die rechtlichen Rahmenbedingungen der Flexibilisierung von Industrieprozessen. Der Fokus liegt hierbei zum einen auf der Untersuchung der bestehenden Rechtslage mit Blick auf Möglichkeiten und Grenzen der Vertragsgestaltung im Rahmen der Flexibilisierung des industriellen Energiebezugs.

Zum anderen werden Hemmnisse für die Teilnahme an Strommärkten identifiziert und Lösungsvorschläge unterbreitet.

Die Herausgeber danken allen Referenten, Sponsoren und Unterstützern, die wesentlichen Anteil am Gelingen der Veranstaltung hatten. Hervorgehoben sei der Zuschuss des Profilfelds »Energieforschung und Energietechnologie« der Universität Bayreuth, der für die Veröffentlichung der Tagungsbeiträge überaus hilfreich gewesen ist.

Bayreuth, im Juli 2017 *Jörg Gundel*
Knut Werner Lange

Inhaltsverzeichnis

Vorwort V
Abkürzungsverzeichnis XI

Peter Franke/Jenny Gorenstein
Auf dem Weg zu einer digitalen Energiewirtschaft 1

Andreas Gabler
Der Smart-Meter-Rollout und seine rechtlichen Folgewirkungen. 35

Norman Fricke
Digitalisierung in Fernwärmesystemen 53

Markus Böhme/Konrad Riemer
Die Wahl des Messstellenbetreibers nach den §§ 5, 6 MsbG 67

Udo Sieverding
Verbraucherschutz in digitalisierten Energiemärkten 85

Heinrich Amadeus Wolff
Datenschutz in digitalisierten Energiemärkten 95

Verzeichnis der Autoren 127
Stichwortverzeichnis 129

Abkürzungsverzeichnis

a. A.	andere Ansicht
ABl.	Amtsblatt
Abs.	Absatz
AEUV	Vertrag über die Arbeitsweise der Europäischen Union
a. F.	alte Fassung
AG	Aktiengesellschaft
AGB	Allgemeine Geschäftsbedingungen
Art.	Artikel
Aufl.	Auflage
AVB	Allgemeine Versorgungsbedingungen
AVBFernwärmeV	Verordnung über Allgemeine Bedingungen für die Versorgung mit Fernwärme
AVBGasV	Verordnung über Allgemeine Bedingungen für die Gasversorgung von Tarifkunden
Az.	Aktenzeichen
Bd.	Band
BDEW	Bundesverband der Energie- und Wasserwirtschaft
BDSG	Bundesdatenschutzgesetz
BerlKommEnR	Berliner Kommentar zum Energierecht
Beschl.	Beschluss
BFStrMG	Gesetz über die Erhebung von streckenbezogenen Gebühren für die Benutzung von Bundesautobahnen und Bundesstraßen
BGB	Bürgerliches Gesetzbuch
BGBl.	Bundesgesetzblatt
BGH	Bundesgerichtshof
BGHZ	Entscheidungen des Bundesgerichtshofs in Zivilsachen
BHKW	Blockheizkraftwerk
BKartA	Bundeskartellamt
BMWi	Bundesministerium für Wirtschaft und Energie
BNetzA	Bundesnetzagentur
BR-Drs.	Bundesrats-Drucksache
BSI	Bundesamt für Sicherheit in der Informationstechnik
BSIG	Gesetz über das Bundesamt für Sicherheit in der Informationstechnik
BT-Drs.	Bundestags-Drucksache
BVerfG	Bundesverfassungsgericht
BVerfGE	Entscheidungen des Bundesverfassungsgerichts
bzw.	beziehungsweise
ders.	derselbe

d. h.	das heißt
DS	Datenschutz
DS-GVO	Datenschutz-Grundverordnung
EE-	Erneuerbare Energien-
EEG	Gesetz für den Vorrang Erneuerbarer Energien (Erneuerbare-Energien-Gesetz)
EEWärmeG	Gesetz zur Förderung Erneuerbarer Energien im Wärmebereich
EG	Europäische Gemeinschaft(en)
EltRL	Elektrizitätsrichtlinie
EnEG	Gesetz zur Einsparung von Energie in Gebäuden
EnEV	Verordnung über energiesparenden Wärmeschutz und energiesparende Anlagentechnik bei Gebäuden
EnWG	Gesetz über die Elektrizitäts- und Gasversorgung (Energiewirtschaftsgesetz)
EnWZ	Zeitschrift für das gesamte Recht der Energiewirtschaft
ER	EnergieRecht
ET	Energiewirtschaftliche Tagesfragen
etc.	et cetera
EU	Europäische Union
EuGH	Gerichtshof der Europäischen Union
EWeRK	Zeitschrift des Instituts für Energie- und Wettbewerbsrecht in der Kommunalen Wirtschaft e.V.
f.	folgende
FAZ	Frankfurter Allgemeine Zeitung
ff.	fortfolgende
Fn.	Fußnote
FS	Festschrift
gem.	gemäß
GG	Grundgesetz
GRCh	Grundrechtecharta
GWB	Gesetz gegen Wettbewerbsbeschränkungen
HeizkostenV	Verordnung über die verbrauchsabhängige Abrechnung der Heiz- und Warmwasserkosten
Hrsg.	Herausgeber
IoT	Internet of Things
IR	InfrastrukturRecht
i. S. v.	im Sinne von
i. V. m.	in Verbindung mit
kJ	Kilojoule
kW	Kilowatt
kWh	Kilowattstunde
KWK	Kraft-Wärme-Kopplung
KWKG	Gesetz für die Erhaltung, die Modernisierung und den Ausbau der Kraft-Wärme-Kopplung
MessZV	Messzugangsverordnung
MMR	MultiMedia und Recht
Mrd.	Milliarden
MsbG	Messstellenbetriebsgesetz

MSbr	Messstellenbetreiber
NB	Netzbetreiber
n.F.	neue Fassung
NJW	Neue Juristische Wochenschrift
N&R	Netzwirtschaften und Recht
Nr.	Nummer
NZKart	Neue Zeitschrift für Kartellrecht
NZM	Neue Zeitschrift für Miet- und Wohnungsrecht
OLG	Oberlandesgericht
pbD	personenbezogene Daten
RdE	Recht der Energiewirtschaft
RDV	Recht der Datenverarbeitung
RiS	Recht auf informelle Selbstbestimmung
RL	Richtlinie
Rn.	Randnummer
S.	Seite
SMG	Smart-Meter-Gateway
sog.	sogenannte
StromNZV	Verordnung über den Zugang zu Elektrizitätsversorgungsnetzen
u.	und
u.a.	unter anderem
ÜNB	Übertragungsnetzbetreiber
Urt.	Urteil
v.	vom
VersorgW	Versorgungs Wirtschaft
vgl.	vergleiche
VO	Verordnung
z.B.	zum Beispiel
ZD	Zeitschrift für Datenschutz

Auf dem Weg zu einer digitalen Energiewirtschaft

Peter Franke/Jenny Gorenstein

I.	Einführung	2
II.	Digitale Transformation der Energiemärkte	4
	1. Transformation entlang der gesamten Wertschöpfungskette	5
	a) Neue Geschäftsmodelle und veränderte Wertschöpfungsketten in den wettbewerblich organisierten Wertschöpfungsstufen	5
	b) Neue Vertriebs- und Informationssysteme	6
	c) Netzbetrieb	7
	d) Evaluierung interner Unternehmensprozesse	7
	e) Zunehmende Bedeutung der IT und neue Kooperationsmodelle	7
	2. Interoperabilität und Standardisierung	8
	3. Rolle und Bedeutung von Daten in der Stromwirtschaft	8
	a) Daten in den wettbewerblichen Bereichen Erzeugung, Handel und Vertrieb	9
	b) Daten des Netzbetriebs	9
	c) Daten aus intelligenten Messsystemen	9
	4. Anwendungsbereiche und die Nutzung der Daten	11
	a) Datenanalysen für verbessertes Produktmanagement in den wettbewerblich organisierten Wertschöpfungsstufen	11
	b) Datenanalysen für den Netzbetrieb	13
III.	Veränderung der Akteurslandschaft	15
	1. Fallbeispiele für innovative Geschäftsmodelle im Energiebereich	15
	a) Wettbewerbliche Wertschöpfungsstufen	15
	aa) Virtuelle Kraftwerke	15
	bb) Vernetzung von dezentralen Kleinanlagen	15
	cc) Elektromobilität als Anwendung der Sektorkopplung	16
	dd) Blockchainbasierte Geschäftsmodelle/Pilotprojekte	17
	b) Regulierte Netzebene	18
	2. Sektorübergreifende Geschäftsmodelle	18
IV.	Digitale Akteure, Daten und weitergehende Herausforderungen für die Regulierung	22
	1. Marktmachtpotenzial von Akteuren der digitalen Ökonomie	22
	2. Wettbewerbsfaktor Daten	26
	3. Weitergehende Herausforderungen für die Regulierung in den Netzsektoren	28
	a) Datenzugang und Offenheit von Daten	28
	b) Marktmacht und Marktveränderungen durch Akteure der digitalen Ökonomie	31
V.	Fazit	33

I. Einführung[1]

Nahezu alle derzeit auf den Wirtschaftsmärkten stattfindenden Prozesse sind mit der Digitalisierung verknüpft oder weisen zumindest Berührungspunkte hierzu auf. Auch für den Energiemarkt ist das Thema Digitalisierung sowohl im Hinblick auf Effizienzsteigerungen durch Prozessoptimierung und Vernetzung von Unternehmen als auch im Hinblick auf die Herausforderungen für die betreffenden Märkte und Akteure von tragender Bedeutung. Der folgende Beitrag soll die derzeit zu erwartenden Entwicklungstendenzen aufzeigen. Diese betreffen in erster Linie mögliche Effizienzpotentiale sowie die Veränderung der Märkte- und Akteurslandschaft im Hinblick auf neu entstehende Geschäftsmodelle.

Die digitalen Veränderungen in der Wirtschaft werden häufig als vierte industrielle Revolution, Industrie 4.0 oder Internet der Dinge bezeichnet. Mit den genannten Schlagwörtern werden nicht nur die momentan stattfindenden fundamentalen Veränderungen im Industriesektor beschrieben, sondern alle Bereiche der Wirtschaft, die ausnahmslos von digitalen Transformationsprozessen erfasst und verändert werden. Im Kern geht es bei diesem Transformationsprozess nicht darum, Maschinen und bestehende Prozesse digital zu steuern; dies ist schon seit Jahrzehnten möglich. Es geht darum, durch die digitale Vernetzung Verfahrens- und Wertschöpfungsketten und deren Ausrichtung auf den Kunden vollständig neu zu denken und umzusetzen. In gleicher Weise müssen sich Gesellschaft, Verwaltung und Politik den digitalen Herausforderungen stellen.

Die Digitalisierung ermöglicht insbesondere die intelligente Vernetzung von Menschen, Maschinen und Ressourcen, die fortschreitende Automatisierung und Autonomisierung von Prozessen, die Individualisierung von Dienstleistungen und Produkten sowie die Flexibilisierung und Fragmentierung, aber auch die Integration von Geschäftsmodellen entlang der gesamten Wertschöpfungskette. Im Zentrum dieser Entwicklung stehen vor allem die vielfältigen Möglichkeiten der Datenerfassung, -speicherung, -auswertung und -übermittlung. Sie sind grundlegende Voraussetzung für die Realisierung unternehmensinterner Effizienzpotenziale und die Umsetzung innovativer Dienstleistungen und Produkte. Eine Meta-Studie, die im Auftrag des Bundesministeriums für Wirtschaft und Energie (BMWi) angefertigt wurde, beziffert das ökonomische Potenzial alleine im Bereich digitaler und vernetzter Industrien auf eine Größenordnung von 20

---

[1] Der Beitrag greift teilweise zurück auf das von der Bundesnetzagentur im Juni 2017 veröffentlichte Papier „Digitale Transformation in den Netzsektoren – Aktuelle Entwicklungen und regulatorische Herausforderungen", abrufbar unter https://www.bundesnetzagentur.de/SharedDocs/Downloads/DE/Allgemeines/Bundesnetzagentur/Publikationen/Berichte/2017/Digitalisierung.pdf?__blob=publicationFile&v=1.

bis 30 Mrd. Euro pro Jahr in Deutschland.[2] Im Hinblick auf dieses ökonomische Potenzial erwartet die Regulierung von den betroffenen Netzbetreibern eine Steigerung des Effizienzpotenzials durch bessere Datenanalysen, die sich etwa in verbesserten Standard-Lastprofilen niederschlagen können.

Auf Seiten der Unternehmen ergeben sich durch die digitale Transformation ökonomische Chancen, aber auch neue Herausforderungen. Die Entwicklung und Umsetzung innovativer Geschäftsmodelle bietet sowohl für etablierte Marktakteure als auch für neue Wettbewerber die Möglichkeit, neue Märkte und neue Kundengruppen zu erschließen. Die digitale Transformation kann Effizienzsteigerungen und damit die Realisierung von Kostenvorteilen über eine Optimierung von unternehmensinternen Prozessen, Strukturen und Verfahren ermöglichen. Es ist davon auszugehen, dass die Digitalisierung Effizienzsteigerungen etwa durch eine stärkere Kundenbindung sowie eine prozessoptimierte Arbeitsweise tendenziell fördern wird. Dabei erfasst die Digitalisierung sowohl interne Prozesse der Netzbetreiber als auch das äußere Marktgeschehen. Im Zuge dessen stoßen die Übertragungs- und Verteilnetzbetreiber auf unterschiedliche Herausforderungen. Während die Übertragungsnetzbetreiber bereits seit längerer Zeit unter Handlungsdruck stehen, eröffnet die Digitalisierung bei den Verteilernetzbetreibern, die verstärkt mit der Einbindung von erneuerbaren Energien oder flexiblen Lasten zu tun haben, erst jetzt eine stark erhöhte Datenverfügbarkeit und einen damit einhergehenden Datenverwertungsdruck.

Von den unternehmerischen Veränderungen und Potenzialen können auch die Endverbraucher profitieren, sodass die Digitalisierung einen Mehrwert für die gesamte Gesellschaft erzeugen kann. Kunden digital transformierter Märkte entsteht ein Nutzen durch innovative, häufig individuell auf sie zugeschnittene Produkte und Dienstleistungen, eine gesteigerte Markttransparenz und einen besseren und einfacheren Kundenservice.

Treiber der digitalen Entwicklungen ist die massenhafte Erhebung, Verknüpfung und Verwertung von Daten, die in den letzten Jahren massiv an Bedeutung gewonnen hat. Dieser Prozess schreitet weiterhin dynamisch voran. Verantwortlich hierfür sind vor allem die zunehmenden Vernetzungsmöglichkeiten auf Basis von Telekommunikationsinfrastrukturen und der Bedeutungszuwachs internetbasierter datengetriebener (Plattform-)Geschäftsmodelle.

Auch in den regulierten Netzsektoren führt die digitale Transformation zu strukturellen Veränderungen. Die Umsetzungsgeschwindigkeit dieser Entwicklung wird hierbei maßgeblich von den handelnden Akteuren und den sektorspezifischen Rahmenbedingungen beeinflusst. Analog zu anderen Wirtschaftsbereichen ist zu beobachten, dass digitalisierte bzw. datenbasierte Anwendungen, die vielfältige unternehmensinterne Effizienzpotenziale bieten

---

[2] *Bundesministerium für Wirtschaft und Energie*, Industrie 4.0 – Volks- und betriebswirtschaftliche Faktoren für den Standort Deutschland, Berlin 2015, S. 18 f.

(beispielsweise vorausschauende Wartung und Instandhaltung, digitalisierte Prozess- und Verfahrenssteuerung oder Big-Data-Analysen), entwickelt und umgesetzt werden. Es wird deutlich, dass mit den digitalen Transformationsprozessen erhebliche Potenziale einhergehen. Gleichzeitig ist die Digitalisierung von einem bislang nicht gekannten Ausmaß an Innovationsgeschwindigkeit und Marktdynamik geprägt, womit einerseits Chancen, andererseits aber auch Unsicherheiten und Risiken für Verbraucher und Unternehmen verbunden sind.

Speziell in den Netzsektoren stellen sich auch neue Fragen hinsichtlich des Zugangs zu relevanten Daten für Wettbewerber auf vor- oder nachgelagerten Wertschöpfungsstufen. Dies belegen beispielsweise die intensiv geführten Diskussionen im Energiebereich um den künftigen Zugang zu Daten aus intelligenten Messsystemen. Grundsätzlich fallen in den Netzsektoren Daten vor allem im Rahmen der Prozesssteuerung an. Jedoch können diese unter Umständen auch für vor- oder nachgelagerte Wertschöpfungsstufen Relevanz besitzen. Ein Unternehmen kann durch exklusiven Datenbesitz so möglicherweise einen selektiven Informationsvorsprung erreichen. Auch die Kundenschnittstelle wird in den Netzsektoren zunehmend durch neue »Player« (insbesondere internetbasierte Plattformgeschäftsmodelle) besetzt, womit erhebliche Auswirkungen für die jeweilige Marktstruktur verbunden sein können.

Nichtsdestotrotz kann die These gewagt werden, dass sich an der Monopolstellung der Netzbetreiber im Energiesektor auf absehbare Zeit nichts wesentlich ändern wird. Die Digitalisierung wird sich daher im Wesentlichen um die Netzmonopole herum entwickeln müssen. Im Hinblick auf die Prozessoptimierung stellt sich etwa die Frage der Auslagerung von bisher internen Prozessen auf externe Dienstleister und die damit einhergehende Frage der Einhaltung des Effizienzgebots. Die Bundesnetzagentur hat als Regulierungsbehörde dabei die Aufgabe, solche Entwicklungen im Hinblick auf ihre Vereinbarkeit mit den derzeitigen Strukturen der Anreizregulierung zu untersuchen.[3]

Durch internetbasierte bzw. digitale Geschäftsmodelle, neue Marktakteure und immer stärker verschwimmende Marktgrenzen steigt die Komplexität wirtschaftlicher Abläufe, wodurch die Anforderungen für die Regulierungs- und Wettbewerbspolitik sowie den Daten- und Verbraucherschutz weiter zunehmen. Die Dynamik der Digitalisierung erfordert daher Regulierungsentscheidungen, die das erreichte Wettbewerbs- und Schutzniveau sicherstellen, das Entstehen neuer Arten von Marktmacht verhindern und chancengleiche Wettbewerbsbedingungen für die Diensteerbringung in den Netzsektoren schaffen. Dazu zählt auch die Berechenbarkeit zukünftiger Regulierungsentscheidungen.

---

[3] *Bundesnetzagentur*, Evaluierungsbericht nach § 33 Anreizregulierungsverordnung, 2015, Kapitel III C Innovationen und Kapitel IV B Internationale Erfahrungen.

II. Digitale Transformation der Energiemärkte

In der Energiebranche stellt die Digitalisierung mittlerweile neben Europäisierung, Liberalisierung und Energiewende nun auch eine wichtige Entwicklung dar, die zu einem kontinuierlichen strukturellen Veränderungsprozess der Energiewirtschaft führt.

Digitalisierungs- und Vernetzungsprozesse haben Auswirkungen auf die im Energiemarkt agierenden Akteure und auf die Ausgestaltung der angebotenen Produkte und Dienstleistungen. Die Digitalisierung wird auch in der Energiewirtschaft weitreichende Veränderungen herbeiführen und bietet entlang der gesamten Wertschöpfungskette vielfältige Möglichkeiten, Umsätze zu steigern, Prozesse zu optimieren, Kosten zu senken und neue Geschäftsmodelle zu entwickeln. Zwar sind nicht alle Unternehmen der Energiewirtschaft in gleichem Maße vom Veränderungsdruck der Digitalisierung betroffen. Dennoch werden sich alle Marktteilnehmer den Herausforderungen des digitalen Transformationsprozesses stellen müssen.

1. Transformation entlang der gesamten Wertschöpfungskette

a) Neue Geschäftsmodelle und veränderte Wertschöpfungsketten in den wettbewerblich organisierten Wertschöpfungsstufen

In den wettbewerblich organisierten Wertschöpfungsstufen wird die wesentliche Aufgabe der Unternehmen darin bestehen, Kundenbedürfnisse zu erkennen und auf Basis einer konsequenten Kundenzentrierung Produkte, Dienstleistungen und Geschäftsmodelle zu entwickeln. Zu diesem Zweck werden methodische Fähigkeiten zur Datenanalyse und Datenauswertung sowie die Identifikation spezifischer Datenzusammenhänge zukünftige Kernkompetenzen der Unternehmen in der Energiewirtschaft sein müssen.[4] Wie in anderen Wirtschaftsbereichen wird vermutlich auch in der Energiewirtschaft die Relevanz von plattform- und datenbasierten Geschäftsmodellen zunehmen.

Die Digitalisierung führt auch in der Energiewirtschaft dazu, dass etablierte Wertschöpfungsketten aufgebrochen werden und sich der Wettbewerb durch den Eintritt neuer Marktteilnehmer intensiviert. Insbesondere in den Bereichen Direktvermarktung, Smart-Home-Anwendungen, Wetter- und EE-Leistungsprognosen, Software- und Speicherlösungen sowie Energieeffizienz und Datenaufbereitungen ist eine Vielzahl von neuen Geschäftsmodellen entstanden. Zu beobachten ist außerdem, dass auch in der Energiewirtschaft bisherige Marktgrenzen mehr und mehr verschwimmen. So bieten beispielsweise bisher branchenfremde Unternehmen Stromversorgungstarife an und Unternehmen

---

[4] *Deutsche Energie-Agentur GmbH (dena)*, Grundsatzpapier der Plattform Digitale Energiewelt, 2016, S. 13.

aus der Automobilbranche treten verstärkt in den Markt für Energiespeichertechnologien ein, um das Thema Elektromobilität zu besetzen.

Große mediale Aufmerksamkeit erfahren derzeit sog. blockchainbasierte Anwendungen. Einige Geschäftsmodelle, die auf dieser Technologie basieren, sind bereits realisiert, beispielsweise im Bereich Vertrieb. Die Datenbanktechnologie Blockchain beruht auf der dezentralen Speicherung und der Verschlüsselung von Transaktionsdaten in einer langen Kette von Datenblocks.[5] Ursprünglich wurde die Technologie im Jahr 2008 für den Finanzsektor und die Kryptowährung Bitcoin entwickelt. Sie ermöglicht insbesondere die Abwicklung von sog. »Peer-to-Peer«-Transaktionen, bei denen auf den Einsatz eines vermittelnden Intermediärs verzichtet wird und Transaktionen so direkt zwischen den Teilnehmern der Blockchain-Anwendung durchgeführt werden können. Die Blockchain-Technologie gilt als sehr sichere Technologie, weil die über die Blockchain organisierten Transaktionen durch alle Computer der teilnehmenden Nutzer verifiziert und die Transaktionsdaten anschließend dezentral auf den Rechnern gespeichert werden. Dies erschwert missbräuchliche Manipulationen enorm, weil eine solche nachträgliche Manipulation der Blockchain auf allen beteiligten dezentralen Rechnern vorgenommen werden müsste. Neben der Berücksichtigung IT-sicherheitsrechtlicher Aspekte wirft die Technologie jedoch auch neue Fragen im Rahmen der Datenschutzdiskussion auf, da die dezentrale Datenspeicherung dazu führt, dass gespeicherte Informationen nicht mehr gelöscht werden können.

b) Neue Vertriebs- und Informationssysteme

Die Kunden der Energieversorger sind schon seit Längerem eine hohe Servicequalität aus bereits stärker digitalisierten Branchen wie dem Handel, der Finanzdienstleistungs- oder der Tourismusbranche gewöhnt. Sie werden deshalb auch gegenüber Energieversorgern zunehmend eine erhöhte Erwartungshaltung bzgl. einer permanenten Online-Verfügbarkeit, kostenlosen Services, einer hohen Benutzerfreundlichkeit und einer personalisierten Ansprache entwickeln.[6] Um die wichtige Kundenschnittstelle gegenüber neuen Wettbewerbern behaupten zu können, werden deshalb auch Energieversorger zunehmend digitale Marketing- und Vertriebskanäle nutzen müssen (z.B. Social-Media-Anwendungen, mobile Apps, Online-Plattformen etc.). Die Digitalisierung der Energiewirtschaft könnte man daher auch als eine Art »Energie-Internet« bezeichnen, da hier die informationstechnische Vernetzung von Energieerzeu-

---

[5] *Kompetenzzentrum Öffentliche IT*, Öffentliche Informationstechnologie in der digitalisierten Gesellschaft Trendthema 37: Blockchain, Juli 2016, Abschnitt Transaktionsabsicherung ohne zentrale Instanzen.

[6] Siehe dazu *PricewaterhouseCoopers (PwC)*, Deutschlands Energieversorger werden digital (2016).

gung und Verbraucher mit dem Ziel der wechselseitigen Kommunikation im Vordergrund steht.[7]

c) Netzbetrieb

Im regulierten Netzbereich wird durch die Digitalisierung vermutlich insbesondere die Optimierung von Prozessen und die Verbesserung bzw. Aufrechterhaltung der Versorgungssicherheit im Vordergrund stehen. Insbesondere durch die Zunahme dezentraler, volatil einspeisender Erzeugungseinheiten steigt die Komplexität der Netzsteuerung enorm. Um diese Komplexität zu beherrschen, werden vermehrt intelligente Betriebsmittel (z.B. regelbare Ortsnetztransformatoren) und Softwarelösungen eingesetzt, die Daten des Netzbetriebs erfassen und auswerten sowie die Netzsteuerung automatisieren. Kosteneinsparungspotenzial ergibt sich in diesem Zusammenhang z.B. durch verbesserte Möglichkeiten der zustandsbasierten (Fern-)Wartung von Netzkomponenten oder durch automatisierte Netzeingriffe. Auch ist davon auszugehen, dass neue, auf Echtzeit-Daten basierende Netzplanungs- und Simulationslösungen den Netzausbau und -umbau erleichtern und verbessern können.[8]

d) Evaluierung interner Unternehmensprozesse

Die veränderten Kundenerwartungen, der erhöhte Wettbewerbsdruck (u.a. durch neue Marktteilnehmer), die immer kürzeren Technologiezyklen und neue gesetzlich-regulatorische Vorgaben (z.B. das Gesetz zur Digitalisierung der Energiewende) erhöhen für die Unternehmen der Energiewirtschaft massiv den Effizienzdruck und die Notwendigkeit zur Anpassung an die neuen Rahmenbedingungen.

Um sich auch im digitalen Zeitalter am Markt behaupten zu können, müssen die Unternehmen der Energiewirtschaft deshalb ihre unternehmensinternen Prozesse entlang der gesamten Wertschöpfungskette regelmäßig evaluieren und mit Hilfe neuer digitaler Möglichkeiten optimieren.[9] Dies geschieht etwa durch die (Echtzeit-)Analyse großer Datenmengen und die Integration der Analyseergebnisse in die unternehmensinternen Prozesse. Durch intelligent vernetzte Überwachungs- und Steuerungssysteme können Prozesse in hohem Maße automatisiert und damit wesentlich kostengünstiger organisiert werden. Durch solche Prozessdigitalisierungen können enorme Effizienzsteigerungen möglich sein.

---

[7] *Lange*, EWeRK 2016, S. 165.
[8] *Bundesverband der Energie- und Wasserwirtschaft e.V.*, Die digitale Energiewirtschaft – Agenda für Unternehmen und Politik, 2016, S. 22.
[9] *Bundesverband der Energie- und Wasserwirtschaft e.V.*, Die digitale Energiewirtschaft – Agenda für Unternehmen und Politik, 2016, S. 47.

e) Zunehmende Bedeutung der IT und neue Kooperationsmodelle

Dieser komplexe digitale Transformationsprozess kann nur auf Basis moderner IT-Systeme bewältigt werden. Im Zuge der Digitalisierung sind deshalb enorme Investitionen in die IT-Infrastruktur notwendig. Diese Investitionen werden häufig von kleineren Unternehmen wirtschaftlich nicht abgebildet werden können. Es wird deshalb in der Energiewirtschaft vermutlich verstärkt zu Kooperationsmodellen zwischen Stadtwerken, Forschungsinstituten und Technologieanbietern etc. kommen.[10]

2. Interoperabilität und Standardisierung

Durch die mit der rechtlichen und operationellen Entflechtung verbundene Auftrennung der Marktrollen ist ein hoher Standardisierungs- und Kommunikationsbedarf in der Energiewirtschaft entstanden. Ein effektiver Austausch von Daten (»Marktkommunikation«) ist in Massenmärkten wie der Gas- und Stromversorgung nur mit Hilfe von standardisierten Geschäftsprozessen und verbindlichen Datenformaten (Edifact-Formate) möglich. Erreicht wird diese für alle Marktteilnehmer verbindliche Standardisierung zum einen durch eine Selbstregulierung der Branche, z.B. bei den Regelungen zur Kooperationsvereinbarung Gas (KoV), und zum anderen durch Festlegungen der Bundesnetzagentur.

Umfangreiche Branchenregelungen und Festlegungen, wie etwa die Geschäftsprozesse zur Kundenbelieferung mit Elektrizität (GPKE)[11] oder die Marktregeln für die Durchführung der Bilanzkreisabrechnung im Strom (MaBiS), ermöglichen in einem immer komplexer werdenden Umfeld mit einer Vielzahl von verschiedenen Akteuren (Netzbetreiber, Lieferanten, Messstellenbetreiber, Bilanzkreisverantwortliche, Bilanzkreiskoordinatoren etc.) die Integration von etablierten und neuen Marktteilnehmern in einen nationalen und europäischen Energiemarkt. Besonders zu beachten ist in diesem Kontext auch die Relevanz von physikalischen Austauschprozessen bei netzbezogenen Geschäftsprozessen, die über eine virtuelle oder rein kaufmännische Abbildung hinausgehen.

3. Rolle und Bedeutung von Daten in der Stromwirtschaft

Daten haben schon seit langem eine enorme Bedeutung in der Stromwirtschaft. Netzbetreiber und die übrigen Marktbeteiligten besitzen und verarbeiten z.B. in der Netzsteuerung, im Rahmen von Verbrauchs- und Handelsprognosen, bei

---

[10] Siehe dazu *Broda*, in: Chancen und Herausforderungen durch die Digitalisierung der Wirtschaft, Schriftenreihe des Kuratoriums Forum für Zukunftsenergien, Band 9, S. 50–58.
[11] *Bundesnetzagentur*, Festlegung vom 20.12.2016, BK6-16-200.

Kraftwerkseinsatzplanungen, im Börsenhandel usw. schon heute enorme Datenmengen. Durch die weitere Zunahme von Marktteilnehmern, »smarten« Betriebsmitteln, EE-Anlagen, Sensoren, intelligenten Messsystemen etc. wird die Anzahl der in der Stromwirtschaft zu verarbeitenden Daten jedoch noch massiv ansteigen. Die »klassische« Datenverarbeitung wird weiterhin eine wichtige Rolle in der Stromwirtschaft spielen. Diese wird ergänzt werden durch moderne Big-Data-Analyseverfahren, mit deren Hilfe auch riesige unstrukturierte Datenmengen in Echtzeit erfasst und analysiert werden können.

a) Daten in den wettbewerblichen Bereichen Erzeugung, Handel und Vertrieb

Daten des Wettbewerbsgeschäfts bilden die Grundlage für neue datenbasierte Geschäftsmodelle in der Energiewirtschaft. Sie werden sowohl von traditionellen als auch von Anbietern neuer digitaler Produkte z. T. auch jenseits der Energiemärkte gesammelt, kombiniert und ausgewertet. Der Datenursprung, die Dateninhalte und die Datenformate können vollkommen verschieden sein und müssen keinen unmittelbaren energiewirtschaftlichen Bezug haben. Es kann sich bei diesen Daten beispielsweise handeln um:

– Kundenstammdaten wie Name, Anschrift, bisheriger Versorger etc.,
– Messwerte zum Verbrauch; daraus Ableitung von Verbrauchsverhalten, Kundenpräferenzen,
– soziodemographische Daten,
– meteorologische Daten,
– Daten von vernetzten Haus(halts)geräten (Thermostate, Wärmepumpen etc.),
– Daten und Informationen aus sozialen Netzwerken,
– Einspeisezeitraum EE,
– Energiemengen Direktvermarktung,
– Daten zu Handelsaktivitäten.

b) Daten des Netzbetriebs

Daten des Netzbetriebs beinhalten alle technischen Daten, die Netzbetreiber für den sicheren und zuverlässigen Netzbetrieb benötigen. Dies sind Daten der Ein- und Ausspeisepunkte im Netz, Daten des Netzzustands und Prognosen über die zukünftige Last und Einspeisung. Sofern Netzbetreiber Daten aus intelligenten Messsystemen für den Netzbetrieb benötigen, kann es sich auch bei diesen Daten um Daten des Netzbetriebs handeln. Daten des Netzbetriebs sind in der Regel keine personenbezogenen Daten. Insbesondere im Kleinkundenbereich werden sie aggregiert; in jedem Fall werden sie anonymisiert.

c) Daten aus intelligenten Messsystemen

Mit dem im September 2016 in Kraft getretenen Gesetzespaket zur »Digitalisierung der Energiewende« hat der Gesetzgeber u. a. die Anforderungen aus der Energieeffizienzrichtlinie (Richtlinie 2012/27/EU) sowie der dritten Binnenmarktrichtlinie (Richtlinien 2009/72/EG und 2009/73/EG) für den flächendeckenden Roll-out von intelligenten Messsystemen (»Smart-Meter«) umgesetzt. Der wesentliche Bestandteil des verabschiedeten Gesetzpakets ist das sog. Messstellenbetriebsgesetz.[12]

Darin ist insbesondere geregelt, dass sog. grundzuständige Messstellenbetreiber verpflichtet werden, innerhalb eines gesetzlich vorgegebenen Zeitraums die bisherigen Stromzähler unter Einhaltung von im Gesetz festgelegten Preisobergrenzen durch moderne Messeinrichtungen oder durch intelligente Messsysteme zu ersetzen.

Bei modernen Messeinrichtungen handelt es sich um Messeinrichtungen, die den tatsächlichen Elektrizitätsverbrauch und die tatsächliche Nutzungszeit widerspiegeln und über ein Smart-Meter-Gateway sicher in ein Kommunikationsnetz eingebunden werden können.[13] Erfolgt die Einbindung der modernen Messeinrichtung über ein Smart-Meter-Gateway in ein Kommunikationsnetz, so handelt es sich um ein intelligentes Messsystem. Ein Smart-Meter-Gateway ist eine Kommunikationseinrichtung, die sehr hohen Datensicherheits- und Datenschutzanforderungen gerecht wird. Verantwortlich für den technischen Betrieb des Smart-Meter-Gateways ist der sog. Smart-Meter-Gateway-Administrator, der dem Messstellenbetreiber zugeordnet ist. Dies wird in der Regel zunächst der jeweilige Netzbetreiber als sog. grundzuständiger Messstellenbetreiber sein.[14]

Darüber hinaus wurden im Messstellenbetriebsgesetz die Datenaufbereitung und die Form der Datenübermittlung geändert. Die Plausibilisierung, Ersatzwertbildung und Verteilung der Daten wird zukünftig nicht mehr von den Verteilernetzbetreibern vorgenommen, sondern direkt im Smart Meter-Gateway erfolgen. Ab 2020[15] werden alle Messwerte, die über ein intelligentes Messsystem erhoben werden, automatisiert an die jeweils berechtigten Stellen (Messstellenbetreiber, Netzbetreiber, Energielieferanten etc.[16]) verteilt.

---

[12] *Lange/Möllnitz*, EnWZ 2016, S. 448 (449); *Scholtka/Martin*, NJW 2017, S. 932 (933).
[13] Siehe § 2 Nr. 15 Messstellenbetriebsgesetz.
[14] Der Netzbetreiber hat auch die Möglichkeit, diese Grundzuständigkeit an ein anderes Unternehmen zu übertragen. Unabhängig davon können Netzkunden auch einen weiteren wettbewerblichen Messstellenbetreiber wählen.
[15] Bis 2020 werden die Verteilernetzbetreiber noch ihre bisherige Aufgabe als Datenverteiler im Rahmen einer Interimslösung wahrnehmen.
[16] Die Datenberechtigten sind in § 49 Abs. 2 Messstellenbetriebsgesetz genannt.

Die modernen Messeinrichtungen und intelligenten Messsysteme messen sowohl Verbrauchs- als auch Erzeugungsdaten[17]. Die Herrschaft über die Nutzung der Daten liegt beim Anschlussnutzer. Die Datennutzungsberechtigten erhalten Zugriff auf die Daten, die sie zur Erfüllung ihrer jeweiligen Aufgaben benötigen bzw. – mit Einverständnis des Anschlussnutzers – auch für darüber hinausgehende Daten, auf deren Grundlage weitere Dienstleistungen angeboten werden können.

Mit den intelligenten Messsystemen steht zukünftig eine standardisierte Kommunikationsplattform zur Verfügung, die hohen Datenschutz- und Informationssicherheitsanforderungen genügt.[18] Intelligente Messsysteme können die technische Infrastruktur bilden, um beispielsweise Energieverbräuche zu visualisieren, Smart-Home-Anwendungen zu ermöglichen oder variable Tarife anzubieten, mit denen Verbraucher Anreize zu Verbrauchsverlagerungen erhalten. Smart-Meter-Daten sind insofern in der Regel Daten des Wettbewerbsgeschäfts. Sofern sie für den Netzbetrieb notwendig sind, kann es sich bei Smart-Meter-Daten auch um Daten des Netzbetriebs handeln.

Auch wenn die Digitalisierung der Energiewirtschaft insgesamt weit über die Inhalte des Messstellenbetriebsgesetzes hinausgeht, kann sich das Messstellenbetriebsgesetz zu einem wichtigen Baustein der Digitalisierung in der Energiewirtschaft entwickeln.

Hierdurch werden neue Marktrollen, wie etwa des Smart-Meter-Gateway-Administrators, geschaffen. Neu ist zudem, dass erstmals der grundzuständige Messstellenbetrieb vom Netzbetreiber getrennt werden kann.[19] Auch wenn das Gesetz kontrovers diskutiert wird, so handelt es sich hierbei um ein Pionierprojekt insoweit, als dass das MsbG in § 1 Nr. 3 Regelungen zur Aufgabentrennung von Messstellenbetrieb und Netzbetrieb vorsieht, die sich in den Marktrollen widerspiegeln. Es stellen sich damit Folgefragen im Hinblick auf die vom grundzuständigen Messstellenbetreiber einzuhaltenden Entflechtungsanforderungen,[20] mögliche Kooperationsmodelle, die Möglichkeit der Übertragung des Messstellenbetriebs auf Dritte sowie die Datensicherheit, welche es in nächster Zeit näher zu untersuchen und wo es praktikable Lösungen zu entwickeln gilt.

---

[17] Siehe dazu Empfehlung der EEG-Clearingstelle vom 09.05.2017 zu Anwendungsfragen des MsbG für EEG Anlagen, Teil 1, 2016.
[18] Für einen Überblick über die Technischen Richtlinien und Schutzprofile des BSI für intelligente Messsysteme siehe: https://www.bsi.bund.de/DE/Themen/DigitaleGesellschaft/SmartMeter/smartmeter_node.html.
[19] So auch *Lange*, EWeRK 2016, S. 165 (166 f.).
[20] Insoweit kann nicht davon ausgegangen werden, dass der Messstellenbetrieb aus Sicht der Entflechtung nicht mehr Teil des Netzbetriebes ist.

4. Anwendungsbereiche und die Nutzung der Daten

a) Datenanalysen für verbessertes Produktmanagement in den wettbewerblich organisierten Wertschöpfungsstufen

In den wettbewerblichen Wertschöpfungsstufen werden neue digitale Geschäftsmodelle fundamentale Veränderungen verursachen.

Bisher haben Energieversorgungsunternehmen vornehmlich einfache, standardisierte Produkte zur Belieferung der Endkunden mit Strom und Gas angeboten. Die Energieversorger waren die Hauptakteure der Wertschöpfungskette und deckten diese ganz oder zumindest zu großen Teilen selbst ab. Die Notwendigkeit zu Kooperationen mit anderen Unternehmen war gering, der Kunde war lediglich passiver Strom- bzw. Gasabnehmer und die Vergütung des Versorgers basierte ausschließlich auf der abgenommenen Energiemenge des Kunden.[21]

Traditionelle Energieversorgungsunternehmen stehen heute vor dem Problem, dass die Margen im klassischen Versorgungsgeschäft aufgrund des starken Wettbewerbs und der immer unrentabler werdenden konventionellen Erzeugungskapazitäten sinken. Zugleich drängt im Zuge der Digitalisierung eine Vielzahl von neuen Wettbewerbern mit innovativen (datenbasierenden) Geschäftsmodellen in den Markt. Energieversorger werden deshalb mehr und mehr gezwungen, ihr klassisches Geschäftsmodell grundlegend zu überarbeiten.

Zwar werden die bisherigen Produkte zur Belieferung der Endkunden mit Strom und Gas auch in Zukunft jedenfalls in ihrem Kern erhalten bleiben; sie werden aber in sehr viel individuellere und erweiterte Leistungsbündel eingebettet. Das Leistungsportfolio wird dadurch voraussichtlich vielseitiger und deutlich komplexer werden. Produkte mit neuen individuellen Leistungen und hohem Nutzenkomfort könnten den künftigen Markt prägen. Die Vergütung des Versorgers wird in Zukunft nicht mehr zwangsläufig mit der Menge der bezogenen Energie verknüpft sein müssen. Dynamische Versorgungsdienstleistungen, deren Preisniveau vom fluktuierenden Stromangebot abhängt, und solche, die auch das netz- bzw. systemdienliche Verhalten des Kunden »einpreisen«, werden zunehmend an Bedeutung gewinnen.[22]

Grundlage all dieser Geschäftsmodelle ist die Fähigkeit, eine Vielzahl von Daten (über Kundenpräferenzen, Verbrauchsverhalten, Daten von Hausgeräten, über Netzzustände, prognostizierte EE-Erzeugungsmengen etc.) zu erheben und für das jeweilige Geschäftsmodell nutzbar zu machen. Neue Wettbewerber treten in den Markt ein und versuchen, sowohl eigene Produkte und Dienstleistungen im Markt zu etablieren, als auch Teile der Wertschöpfungsketten der

---

[21] *Friedli/Faix/Rohde/Ledermann*, in: EW Spezial, 2016, S. 6–9.

[22] Als gegenläufiger Trend zu variablen Tarifen werden derzeit von einigen Anbietern auch Flatrate-Tarife in den Markt gebracht. Wie diese deutlich datenärmeren Geschäftsmodelle vom Verbraucher angenommen werden, wird sich in den nächsten Jahren zeigen.

traditionellen Geschäftsmodelle zu besetzen. Dies führt in den wettbewerblichen Wertschöpfungsstufen zu enormem Wettbewerbsdruck.

Der Verbraucher kann in diesem innovativen Marktumfeld insbesondere von Geschäftsmodellen profitieren, die ihm eine Vielzahl von neuen Dienstleistungen, einen hohen Benutzerkomfort (den er auch aus anderen Branchen gewöhnt ist) und eine hohe Transparenz und Kontrolle seines (Verbrauchs-)Verhaltens bieten. Zugleich erlauben die durch die neuen Geschäftsmodelle generierten Datenmengen immer detailliertere Einblicke in das Verhalten, die Gewohnheiten und Präferenzen der Verbraucher. Deshalb erhalten auch die Themen Datenschutz, Verbraucherschutz und Datensicherheit eine immer größere Bedeutung in der Energiewirtschaft.

b) Datenanalysen für den Netzbetrieb

In der zukünftigen Energiewelt werden die Anzahl der auf die Stromnetze angewiesenen Marktteilnehmer und das erzeugte Datenvolumen deutlich zunehmen. Volatil einspeisende EE-Anlagen erzeugen ständige Datenflüsse zu den zu transportierenden und zu verteilenden Energiemengen, zu Wetterbedingungen und zu notwendigen Wartungszeitpunkten. Intelligente Messsysteme liefern permanent Verbrauchs- und Erzeugungsdaten. Kleinsterzeuger nehmen automatisiert an Handelsprozessen teil und veräußern als Prosumer ihren Strom. Stromverbraucher beziehen ihren Strom in Abhängigkeit von verschiedenen Preissignalen und an das Netz angeschlossene Elektroautos beziehen Strom bzw. geben ihn wieder ab und erzeugen dabei ebenfalls permanente Datenflüsse. Der Netzbetrieb wird im Zuge der Veränderung der Energielandschaft insofern deutlich komplexer.

In diesem Zusammenhang ermöglichen Digitalisierungs- und Vernetzungsprozesse sowie intelligente Betriebsmittel den Netzbetreibern – auch spannungsebenenübergreifend – mehr Informationen und mehr Kontroll- und Eingriffsmöglichkeiten über ihr Netz zu erhalten. Somit können automatisch notwendige Korrekturen z.B. zur Spannungshaltung vorgenommen werden. Das Energieinformationsnetz[23] ist daher ein wichtiger Baustein für die Digitalisierungsfähigkeit der Stromwirtschaft, der von den Netzbetreibern dringend umgesetzt werden muss. Nur so kann eine Basis für die Nutzung der Digitalisierung im Netzbetrieb geschaffen werden. Moderne Sensorik, Datenauswertungsmethoden und Betriebsmittel können dazu beitragen, den Netzausbaubedarf zu reduzieren und die Effizienz des Netzbetriebs z.B. durch vorausschau-

---

[23] Für einen sicheren und zuverlässigen Netzbetrieb ist ein erhöhter Informationsaustausch zwischen den Akteuren der Energiewirtschaft notwendig. Netzbetreiber benötigen sowohl Informationen von benachbarten oder unterlagerten Netzbetreibern als auch von den an ihren jeweiligen Netzen angeschlossenen Anlagen. Der damit zusammenhängende Daten- und Informationsaustausch wird als Energieinformationsnetz bezeichnet. Dazu u.a. *Bundesnetzagentur*, Festlegung vom 16.04.2014, BK6-13-200.

ende Wartung von Netzelementen, durch ferngesteuerte Fehlerbehebungen und durch die Reduzierung von Instandsetzungs- und Reparaturzeiten zu verbessern.

Das Übertragungsnetz ist bereits heute weitgehend ein »Smart Grid«. Die relevanten Daten des Netzbetriebs liegen in den jeweiligen Netzleitstellen in Echtzeit vor. Der überwiegende Anteil der Netznutzer wird aber auch zukünftig an die Verteilernetze angeschlossen sein, die noch nicht flächendeckend zu smart grids hochgerüstet sind. Zudem ist zu berücksichtigen, dass etwa 80 % der in Deutschland installierten EE-Leistung in Verteilernetze eingespeist wird, weshalb eine Optimierung der Netze im Hinblick auf die technischen Herausforderungen notwendig wird.[24] Auch die zu verarbeitenden Datenmengen werden überwiegend im Verteilernetz erzeugt. Deshalb wird es auch Verteilernetzbetreibern in Zukunft nur durch automatisierte und intelligente Datenauswertungen und smarte Betriebsmittel möglich sein, die zunehmende Komplexität im Netz zu beherrschen, die Systemstabilität aufrechtzuerhalten und die Versorgungssicherheit weiterhin auf gleich hohem Niveau gewährleisten zu können.

Auch die effiziente Nutzung von Marktsignalen im Rahmen der Flexibilisierung setzt sowohl auf Seiten der Netznutzer als auch auf Seiten der Netzbetreiber ein hohes Maß an Information über den jeweiligen Zustand der Netze voraus. Die fortschreitende Digitalisierung sowohl der Netze als auch der Verbrauchseinrichtungen eröffnet dafür neue Möglichkeiten.[25]

Die zunehmende Flexibilisierung trägt ebenfalls zu einer Veränderung der Strommärkte bei. So lässt sich im Hinblick auf örtliche Netzbetreiber feststellen, dass ein intelligenter Netzbetrieb unter Nutzung von Flexibilitäten durchaus eine Alternative zum Netzausbau darstellen kann. Dies liegt in erster Linie daran, dass sich die Netzbetreiber im Sinne der Regulierung stets an der kostengünstigsten Option zu orientieren haben. Hierfür ist es notwendig, Flexibilitätspotenziale sowohl auf Angebots- als auch auf Nachfrageseite zu nutzen. Gerade im Zuge der Energiewende gewinnen aber die fluktuierend und gebotsabhängig einspeisenden erneuerbaren Energien immer mehr an Bedeutung. In diesem Zusammenhang wird zu hinterfragen sein, inwieweit Standard-Lastprofile die fortschreitende Flexibilisierung abbilden können. Mit steigendem Anteil der erneuerbaren Energien an der Stromerzeugung geht die Residuallast an vielen Tagen und in vielen Stunden gegen Null und erhöht sich danach in kurzer Zeit deutlich.[26]

---

[24] *Lange*, EWeRK 2016, S. 165 (168).
[25] Diskussionspapier der Bundesnetzagentur, Flexibilität im Stromversorgungssystem, Bestandsaufnahme, Hemmnisse und Ansätze zur verbesserten Erschließung von Flexibilität, 2017, S. 44.
[26] Diskussionspapier der Bundesnetzagentur, Flexibilität im Stromversorgungssystem,

Eine Flexibilisierung der Akteure im System ist also notwendig, um Versorgungssicherheit effizient gewährleisten zu können. Aufgrund eines mit der Flexibilisierung einhergehenden Missbrauchspotenzials ist die Regulierung jedoch gefordert, das Flexibilitätsmanagement der örtlichen Netzbetreiber kritisch zu beobachten und ggf. Gegensteuerungsmaßnahmen zu ergreifen. Auch in diesem Zusammenhang ist die konsequente Einhaltung der bestehenden Entflechtungsregeln von tragender Bedeutung.

III. Veränderung der Akteurslandschaft

1. Fallbeispiele für innovative Geschäftsmodelle im Energiebereich

In der Energiewirtschaft ist bereits eine Vielzahl an innovativen digitalen Geschäftsmodellen entstanden. Anhand von verschiedenen Beispielen wird exemplarisch aufgezeigt, welche Ausgestaltungsformen solche Geschäftsmodelle im wettbewerblichen Umfeld und auf der regulierten Wertschöpfungsstufe Netz annehmen können.

a) Wettbewerbliche Wertschöpfungsstufen

aa) Virtuelle Kraftwerke

Als virtuelles Kraftwerk wird ein Geschäftsmodell bezeichnet, bei dem dezentrale Erzeugungsanlagen (wie beispielsweise Photovoltaik-, Biogas-, Windenergieanlagen, Blockheizkraftwerke etc.) vernetzt und vom Betreiber des virtuellen Kraftwerks zentral angesteuert werden können. Der Betreiber des virtuellen Kraftwerks übernimmt dabei das sog. Pooling der Erzeugungsanlagen. Dies bedeutet, dass er die angeschlossenen Anlagen zusammenschalten und so deren erzeugten Strom gebündelt am Regelenergiemarkt bzw. im Rahmen der Direktvermarktung anbieten kann. Darüber hinaus übernehmen die Betreiber virtueller Kraftwerke in der Regel eine Reihe von weiteren Aufgaben. Sie installieren die notwendige Fernwirktechnik, regeln Formalitäten mit den Netzbetreibern, erstellen Prognosen über die Erzeugungsmengen und die Abrechnungen für die Anlagenbetreiber und überwachen die angeschlossenen Erzeugungsanlagen. Da es sich bei den Anlagenbetreibern häufig um relativ kleine Marktteilnehmer handelt, haben virtuelle Kraftwerke für sie insbesondere den Vorteil, dass sie ihnen erst den Zugang zum Regelenergiemarkt bzw. der Direktvermarktung ermöglichen.

Bestandsaufnahme, Hemmnisse und Ansätze zur verbesserten Erschließung von Flexibilität, 2017, S. 6.

bb) Vernetzung von dezentralen Kleinanlagen

Ein ähnliches Beispiel für innovative digitale Anwendungsfälle im Energiebereich sind Geschäftsmodelle, die dezentrale Kleinanlagen (EE-Anlagen, Blockheizkraftwerke und Speicher) vernetzen und so den Stromaustausch zwischen den angeschlossenen Haushalts- und Gewerbekunden ermöglichen. Kunden haben im Rahmen dieser Geschäftsmodelle zum einen die Möglichkeit, den von ihnen erzeugten EE-Strom selbst zu verbrauchen bzw. ihn zunächst zu speichern und bei Bedarf zu einem späteren Zeitpunkt zu nutzen. Da die dezentralen Anlagen darüber hinaus vom Anbieter dieser Geschäftsmodelle über eine IT-basierte Steuerungsplattform miteinander vernetzt werden, haben die teilnehmenden Kunden auch die Möglichkeit, ihren überschüssigen Strom an andere Kunden zu verkaufen bzw. ihn bei Bedarf von anderen Kunden zu beziehen. Die Anbieter dieser Geschäftsmodelle übernehmen in der Regel die Errichtung und Vernetzung der angeschlossenen Kleinanlagen und organisieren den Informationsaustausch sowie den Energiefluss der angeschlossenen Kunden. Im Rahmen dieser Geschäftsmodelle ist z.T. auch eine Anbindung an die Strombörse oder den Regelenergiemarkt möglich.

cc) Elektromobilität als Anwendung der Sektorkopplung

Im Grünbuch Energieeffizenz der Bundesregierung wird Sektorkopplung als eine von drei Leitlinien zur Umsetzung der Energiewende beschrieben. Ziel ist es, erneuerbaren Strom für Wärme, Verkehr und Industrie effizient einzusetzen. Elektromobilität wird insbesondere durch die Förderrichtlinie des Bundesministeriums für Verkehr und Digitale Infrastruktur (BMVI) unterstützt. Mit dem Bundesprogramm Ladeinfrastruktur unterstützt das BMVI den Aufbau von 5.000 Schnellladestationen mit 200 Millionen Euro und den Aufbau von 10.000 Normalladestationen mit 100 Millionen Euro. Die Förderung umfasst neben der Errichtung der Ladesäulen auch den Netzanschluss und die Montage. Voraussetzung für die Förderung ist unter anderem, dass die Ladesäulen öffentlich zugänglich sind und mit Strom aus erneuerbaren Energien betrieben werden. Vorgesehen ist, bis 2020 bundesweit den Aufbau von 15.000 neuen Ladesäulen zu unterstützen. Neben der Förderung von Ladepunkten werden auch die Netzanschlusskosten mitfinanziert.

Im Bereich der für die Elektromobilität notwendigen Ladesäulennutzungen ist mit einer Vielzahl an innovativen Geschäftsmodellen zu rechnen. Dabei kommt der Digitalisierung die Rolle des Enablers zu. Erst die Digitalisierung von Geschäftsprozessen führt zu einer für den Fahrer eines Elektromobils kompatiblen Nutzung von Ladesäulen unterschiedlicher Betreiber. So wird die bereits bestehende Ladeinfrastruktur in Deutschland von einer Vielzahl unterschiedlicher Unternehmen betrieben. In dieser Hinsicht haben auch Stadtwerke – perspektivisch betrachtet – durch die vorhandene Kundennähe und den unmittelbaren Zugriff sowohl auf die Netze aller Sparten als auch auf den Verkehrs- und Wärmesektor günstige Ausgangsbedingungen, um sich im Bereich der Sektorkopplung als Marktakteur zu behaupten. Speziell im Bereich der E-Mobilität können Stadtwerke somit entscheidend auf die derzeit stattfindenden Entwicklungen Einfluss nehmen.

Damit Fahrer von Elektromobilen die Ladeinfrastruktur unterschiedlicher Betreiber nutzen können und nicht mit jedem Betreiber einen separaten Vertrag abschließen müssen, gibt es bereits heute sogenannte Roamingplattformen. Diese bieten die Nutzung und Abrechnung mit den einzelnen Ladesäulenbetreibern gebündelt durch den Roamingdienstleister an. Denkbar sind hier auch blockchainbasierte Verfahren. Erste Pilotprojekte bieten die Vermittlung einer Ladesäulennutzung an und führen damit private Ladesäulenbesitzer und Fahrer von Elektromobilen zusammen. Durch die Sammlung und Analyse von Daten der Ladesäulen können weitere Angebote entstehen.

dd) Blockchainbasierte Geschäftsmodelle/ Pilotprojekte
Im Energiebereich sind erste blockchainbasierte Geschäftsmodelle realisiert. Ein blockchainbasierter Tarif mit einem sog. »Grünstromindex« und Stromprodukte, die in digitaler Währung bezahlt werden können, werden bereits angeboten. Der Stromtarif mit dem »Grünstromindex« bietet Verbrauchern die Möglichkeit, auf Basis ihres Postleitzahlbereichs und eines im Hintergrund arbeitenden Rechenmodells, das Stromleitungen, Wetterdaten, Großkraftwerke und regenerative Erzeuger berücksichtigt, den EE-Anteil an ihrem verbrauchten Strom zu ermitteln. Dieser Stromanteil wird im Anschluss mit einer digitalen blockchainbasierten Währung bewertet, die von Stromlieferanten beispielsweise in variable Tarife integriert werden kann. Im Rahmen von verschiedenen Projekten werden darüber hinaus weitere Anwendungsbereiche der Technologie erprobt. Neben der oben beschriebenen Anwendung an Ladesäulen wird in verschiedenen Pilotprojekten die Zusammenführung von regionalen Kleinerzeugern und ortsnahen Verbrauchern erprobt.

Die besondere Bedeutung von Daten für die Entwicklung innovativer Applikationen führte ein Blockchain-Unternehmen zur Erprobung eines plattformbasierten Geschäftsmodells, bei dem Energie-Anlagenbetreiber und junge IT-Unternehmen zusammen gebracht werden, vor. Die IT-Entwickler erhalten dabei Daten aus den Sensoren der Anlagen, mit deren Hilfe sie u. a. Algorithmen zum vorausschauenden Instandhalten mittels intelligenter Datenanalysen entwickeln können. Im Gegenzug steht den Anlagenbetreibern der Zugriff auf Dienstleistungen und Kooperationsangebote zur Verfügung. Entgegen der ursprünglichen Intention der Blockchain-Technologie, Transaktionen ohne den Einsatz von Intermediären abzuwickeln, werden in Deutschland derzeit auch erste Blockchain-Projekte von Start-Ups in Kooperationen mit Energieversorgern angestoßen, die Plattformen unter Nutzung einer Blockchain als Intermediär betreiben.

Wie sich die Blockchain-Technologie, die vor allem hinsichtlich ihres hohen Energiebedarfs und der enormen notwendigen Rechenleistungen noch vor einigen Herausforderungen steht, weiter entwickeln wird und in wie weit sich über Pilotprojekte hinausgehende blockchainbasierte Anwendungen in der Energiewirtschaft durchsetzen, bleibt abzuwarten. Ob die Technologie sich im Hinblick auf die zu gewährleistende Versorgungssicherheit eignet, muss im Anwendungsfall geprüft werden. Im Rahmen eines Peer-to-Peer-Handels stellt sich in erster Linie die Frage der Übertragbarkeit des Bilanzkreismanagements auf einzelne Haushalte.[27] Auch Fragen der Haftung und der Gewährleistung müssten im Falle der Übernahme der Lieferantenrolle durch Endkunden neu beleuchtet werden. Daher hängt die Etablierung der Blockchain-Technologie im deutschen Energiesektor maßgeblich davon ab, ob diese mit dem bestehenden Rechtsrahmen vereinbar ist.[28] Im regulierten Netzbereich sind blockchainbasierte Anwendungen bisher noch nicht realisiert worden.

b) Regulierte Netzebene

Management von Netzengpässen: Das am 26. Juni 2016 beschlossene Strommarktgesetz sieht in § 13 Abs. 6 EnWG vor, dass die Beschaffung von Ab- oder Zuschaltleistung für Regelenergiebereitstellung oder das Management von Netzengpässen durch Übertragungsnetzbetreiber zukünftig durch ein Ausschreibungsverfahren über eine Internetplattform erfolgen soll. Damit gibt es bereits heute eine durch den Gesetzgeber vorgesehene plattformbasierte Organisationsform auf der Netzebene. Ein ähnliches Anwendungsbeispiel stellt das etablierte Ausschreibungsverfahren zur Regelenergiebeschaffung über die Internetplattform »regelleistung.net« dar.

Gemeinsam ist diesen Ansätzen, dass sie die ökonomischen Vorteile eines Ausschreibungsverfahrens (suchen nach den Anlagen, die z. B. zum niedrigsten Preis am effizientesten auf den Engpass wirken) mit den digitalen Möglichkeiten (Internetplattform zur einfachen, transparenten Abwicklung des Bieterprozesses und zur breiten Erreichbarkeit der Anlagen) verknüpfen.

2. Sektorübergreifende Geschäftsmodelle

Im Zuge der digitalen Transformation ist in den Netzsektoren ein Trend zur Etablierung neuer sektorübergreifender, digital gestützter Geschäftsmodelle erkennbar, welche die Bedeutung von Datenschutz, IT-Sicherheit und Interoperabilität bzw. Standardisierung noch weiter erhöhen können. Treiber dieser Entwicklung sind maßgeblich neue technische Vernetzungsmöglichkeiten, die oftmals unter dem Schlagwort des Internets der Dinge (Internet of Things, IoT)

---

[27] *Scholtka/Martin*, RdE 2017, S. 113 (118).
[28] So auch *Scholtka/Martin*, RdE 2017, S. 113 (116).

zusammengefasst werden. Es bezeichnet die Digitalisierung von realen, physischen Objekten und deren Vernetzung über das Internet. Dazu gehören neben gängigen vernetzten Geräten wie Computer, Smartphones und Tablets vor allem Objekte, die klassischerweise nur in der »analogen Welt« verfügbar sind, wie etwa Autos, Küchengeräte, Heizungen, Wetterstationen und andere Gegenstände.

Durch die Entwicklung des Internets der Dinge wird ein Aufbruch von bestehenden Wirtschafts- und Sektor-Strukturen (»Silos«) z. B. in der Transportbranche, Gesundheitsbranche, im Maschinenbau etc. erwartet. Charakteristisch ist in einem IoT-basierten Wirtschaftssystem die Herausbildung von sektorübergreifenden Geschäftsmodellen, die eine Vielzahl unterschiedlicher Akteure (Unternehmen, Konsumenten, Maschinen) innerhalb einer Wertschöpfungskette integrieren.[29] Die im Entstehen begriffenen neuen Geschäftsmodelle zielen darauf ab, durch eine umfassende Vernetzung verschiedener Geräte und Lebensbereiche für den Nutzer und die Gesellschaft einen Mehrwert zu generieren. Gängige Anwendungsszenarien umfassen beispielsweise:

Smart Home: Mit dem Begriff Smart Home wird die intelligente Vernetzung von Häusern und Wohnungen beschrieben. Anwendungsbereiche umfassen beispielsweise vernetzte und fernsteuerbare Sicherheitssysteme, Haushaltsgeräte, Heizungs- und Energiemanagementsysteme oder medizinische Assistenzsysteme. Für diesen Bereich wird ein umfangreiches Umsatzwachstum erwartet. Eine im Auftrag des Bundesministeriums für Wirtschaft und Energie (BMWi) erstellte Studie prognostiziert für den Zeitraum 2015 bis 2025 einen Anstieg des Smart-Home-bezogenen Umsatzes in Deutschland von 2,3 auf 19 Mrd. Euro.[30]

Smart Cities: Mit dem Begriff Smart Cities wird die digitale Transformation von Städten in intelligente urbane Räume zusammengefasst. Anwendungen umfassen die Bereiche Smart Economy (Wirtschaft), Smart People (Bevölkerung), Smart Governance (Verwaltung), Smart Mobility (Mobilität), Smart Environment (Umwelt) und Smart Living (Leben). Im Fokus stehen Sensoren, die flächendeckend im urbanen Raum angebracht werden, um Daten zu erfassen und diese nutzbringend verfügbar zu machen. Hiermit soll eine ständige Interaktion zwischen Stadtbewohnern und Technologie ermöglicht werden. Beispielsweise sollen »smarte« Mobilitäts- und Energiemanagementsysteme sensorgestützt Verkehrsflüsse lenken, Informationen zu freien Parkplätzen bereitstellen oder die Straßenbeleuchtung energiesparend steuern.

Diese gesamtwirtschaftlichen Entwicklungen im Bereich der sektorübergreifenden Geschäftsmodelle beeinflussen auch die regulierten Netzsektoren. Die Etablierung derartiger Geschäftsmodelle kann grundsätzlich einen Paradig-

---

[29] *Europäische Kommission*, Commission Staff Working Document, Advancing the Internet of Things in Europe, SWD, 2016, 110 final, S. 23.
[30] *Bundesministerium für Wirtschaft und Energie*, SmartHome2Market, Marktperspektiven für die intelligente Heimvernetzung, 2016, S. 5.

menwechsel in den Netzsektoren einleiten. Nicht mehr die Herstellung oder Belieferung mit einem bestimmten Produkt oder einer spezifischen Dienstleistung stehen im Mittelpunkt dieser neuen Geschäftsmodelle, sondern die datenbasierte Verknüpfung von vormals getrennten Gütern und Dienstleistungen in ein komplexes Wertschöpfungsnetzwerk. Eine Kernkompetenz für Unternehmen ist es dabei, die Verteilung sowohl von physischen Gütern als auch Informationen (beispielsweise in Form von Sensor- oder Kundendaten) oder Energie in Netzwerken als Ganzes effizient zu beherrschen.

Schlüsselressource für solche sektorübergreifenden Geschäftsmodelle ist hierbei insbesondere der Zugriff auf umfangreiche Datenbestände. Neben Daten aus vor- und nachgelagerten Wertschöpfungsstufen sind vor allem auch Kundendaten, aus denen sich beispielsweise das Verbrauchsprofil und Verhalten der Endkunden ableiten lassen, von entscheidender Bedeutung. Aus diesem Grund steht die Kundenschnittstelle bei der Etablierung neuer Geschäftsmodelle oftmals im Fokus. Die Hoheit über die Kundenschnittstelle ermöglicht zum einen, Daten unmittelbar und auf das eigene Geschäftsmodell abgestimmt zu erfassen. Zum anderen können in einem zweiten Schritt die erfassten Daten umfangreich analysiert werden, sodass sich Bedarfe sowohl erkennen als auch wecken lassen. Dies ermöglicht nachgelagerte Interaktionen, wodurch sich beispielsweise Kaufentscheidungen oder Verbrauchsverhalten direkt beeinflussen lassen. Auf Unternehmensseite setzt die Datenanalyse insbesondere den Aufbau umfangreicher Data-Analytics-Kompetenzen voraus, damit ein Netzwerkbetreiber seine Rolle als Steuerungs- und Koordinationsinstanz einnehmen kann.

Charakteristisch für viele neue Geschäftsmodelle in den Netzsektoren ist weiterhin ihr Plattform-basierter Ansatz. Der Plattformbetreiber agiert dabei als Intermediär, indem dieser Kunden mit Anbietern von Produkten und Dienstleistungen zusammen bringt. Netzwerkbetreiber entwickeln sich durch die Digitalisierung zunehmend zu solchen Plattformanbietern, was sich bereits heute in den einzelnen Sektoren abzeichnet: Neben den etablierten Anbietern aus den Netzsektoren versuchen zunehmend auch »Over-The-Top«-Akteure neue Geschäftsmodelle zu etablieren:

Im Energiesektor bieten zahlreiche Unternehmen neben der »klassischen« Erzeugung bzw. Belieferung von Energie und dem Betrieb von Stromnetzen auch Smart-Home Produkte und Ladelösungen für den Bereich der Elektromobilität an. Zudem vermarkten einige Unternehmen der Energiebranche zusätzlich eigene Breitbandanschlüsse sowohl auf Endkunden- als auch auf Vorleistungsebene des Telekommunikationsbereichs.

Diese technischen Entwicklungen und neuen Geschäftsmodelle können einen hohen Mehrwert und wirtschaftliche Potenziale bieten, beispielsweise in Form von verbesserten Produkten und Produktinnovationen, Effizienzsteigerungen in Fertigungsprozessen, Verminderung von Ressourcen- und Energieverbrauch, einer besseren Erfassung und Berücksichtigung von Kundenbedürfnissen sowie flexibleren Produkten, die Sharing- und Co-Creation-Modelle erlauben.[31]

Neben diesen Potenzialen können die vernetzten Entwicklungen und sektorübergreifenden Geschäftsmodelle aber auch neue Herausforderungen insbesondere für die staatliche Regulierung bedeuten.

Die Interoperabilität verschiedener Systeme ist ein Schlüsselthema. Beispielsweise existieren zahlreiche Smart-Home-Protokolle, die untereinander inkompatibel sind. Interoperabilität ist allerdings eine notwendige Voraussetzung, um Skaleneffekte in der Herstellung zu erzielen, Kundenakzeptanz und so die Marktdurchdringung und Verbreitung derartiger Anwendung erst zu erreichen. Zwar fördern proprietäre (herstellerspezifische) Standards in der Anfangsphase der Entwicklung Investitions- und Innovationsanreize auf Herstellerseite, jedoch erhöhen proprietäre Standards auf Endkundenseite auch die Wechselkosten (Lock-In-Effekt). Im Extremfall können Kunden aufgrund von Wechselkosten beispielsweise ihren Anbieter nicht mehr frei wählen, da ihre Endgeräte aufgrund des proprietären Standards an einen spezifischen Anbieter gebunden sind. Für die Etablierung sektorübergreifender Geschäftsmodelle ist deshalb Interoperabilität eine entscheidende Grundvoraussetzung.[32]

Auch rücken die vernetzten Geschäftsmodelle Fragen des Datenschutzes und der Datensicherheit sowie der Kontroll- und Steuerungsmöglichkeiten des Verbrauchers über die Geräte in den Mittelpunkt. Insbesondere durch die Vernetzung alltäglicher Gegenstände können massenhaft personenbezogene Daten in einem bisher nie gekannten Umfang erfasst und ausgewertet werden. Datenschutzrisiken werden beispielsweise von Verbrauchern häufig als Grund für die Zurückhaltung beim Kauf von Smart-Home-Produkten genannt. So war in einer Befragung in Deutschland für 22 % aller Befragten die Sorge um Datenschutz/Datensicherheit der Grund dafür, dass sie ihr Zuhause noch nicht bzw. nicht umfangreicher vernetzt haben.[33]

Neue regulatorische Fragen stellen sich im Bereich der Plattformökonomie. Viele bereits etablierte digitale Geschäftsmodelle, die häufig auf einem plattformbasierten Ansatz aufbauen, beruhen auf überwiegend geschlossenen Plattform-Ökosystemen. Als Gründe lassen sich Qualitäts-, Haftungs- sowie Sicherheitsaspekte anführen, die durch einen geschlossenen Ansatz besser kontrollierbar erscheinen.[34] Sofern Dritte auf Plattformfunktionalitäten zugreifen

---

[31] *Europäische Kommission*, Commission Staff Working Document, Advancing the Internet of Things in Europe, SWD, 2016, 110 final, S. 8.
[32] BT-Drs. 17/12495, 10. Zwischenbericht der Enquete-Kommission »Internet und digitale Gesellschaft« zur Interoperabilität, 2013, S. 6.
[33] *Bundesministerium für Justiz und Verbraucherschutz*, Thesenpapier zur Konferenz zum Safer Internet Day 2017, »Smart Home – Wie digital wollen wir wohnen?«, Fakten und Empfehlungen aus verbraucherpolitischer Sicht, 2017, S. 2.
[34] *Europäische Kommission*, Online Platforms and the Digital Single Market: Opportunities and Challenges for Europe, COM (2016) 288 final, S. 14.

können, besteht bei geschlossenen Plattformen die Gefahr, dass Schnittstellen und der Zugang zu diesen strategisch durch den Plattformbetreiber genutzt werden können, um Konkurrenten zu diskriminieren. Plattformen mit offenen Schnittstellen können hingegen diskriminierendem Verhalten vorbeugen und so auch Wechselkosten der Nutzer reduzieren.

Auch nimmt die Bedeutung hinsichtlich der ökonomischen Verwertung von Daten zu. Daten stellen insbesondere im Bereich der sektorübergreifenden Geschäftsmodelle für viele Anbieter eine Schlüsselressource dar. Auf der anderen Seite weisen insbesondere Daten in den Netzsektoren hinsichtlich ihrer Erfassung und Verwertung einige Besonderheiten auf.

IV. Digitale Akteure, Daten und weitergehende Herausforderungen für die Regulierung

1. Marktmachtpotenzial von Akteuren der digitalen Ökonomie

Ein zentrales Merkmal der Digitalisierung, das alle beteiligten Akteure vor neue Herausforderungen stellt, ist die hohe Entwicklungsdynamik, die Innovationen und neue Geschäftsmodelle vorantreibt. Gleichzeitig bringt sie aber auch neue Fragestellungen in den Bereichen Wettbewerb, Verbraucherschutz oder Qualifizierung von Arbeitskräften hervor und erfordert neue Lösungsansätze. Demnach sollte Digitalisierung nicht als isolierter Themenkomplex betrachtet werden. Es wurde bereits verdeutlicht, dass die Bundesnetzagentur durch die Veränderungen im Rahmen der Digitalisierung weiterhin in ihrem klassischen Regulierungshandeln gefordert ist. Neben einem sektorspezifischen regulatorischen Anpassungsbedarf ist zu beobachten, dass sich sektorübergreifend in allen regulierten Netzsektoren zusätzlich neue Fragestellungen ergeben. Vor allem datengetriebene Geschäftsmodelle und Internet-basierte Plattformanbieter rücken immer stärker in den Fokus der Betrachtung. Hierzu zählen beispielsweise die GAFA-Konzerne (Google, Apple, Facebook und Amazon), aber auch Akteure wie Uber, WhatsApp oder Airbnb, die mit ihren Geschäftsmodellen etablierte Marktakteure unter Druck setzen oder diese verdrängen. In der Wahrnehmung von Nutzern, Medien und Politik verfügen diese bereits heute über eine überragend starke Marktposition, die sie zusätzlich durch horizontale und vertikale Integration weiter auszubauen scheinen. Gemessen an ihrer Marktkapitalisierung sind einzelne Akteure der digitalen Ökonomie (oder auch Technologie- und Internet-Konzerne) längst in der Spitzengruppe der bedeutendsten Unternehmen angekommen. Neben der Erstellung von klassischen Hard- und Softwareprodukten, bieten diese Akteure oftmals Plattform-basierte Dienstleistungen an, die allgemein in folgende Kategorien eingeteilt werden können:[35]

---

[35] Vgl. u.a. *Hamelmann/Haucap*, Kartellrecht und Wettbewerbspolitik für Online-Plattformen, Ordnungspolitische Perspektiven, Nr. 78, 2015, S. 3 ff.

- Suchmaschinen,
- Handels- und Tauschplattformen,
- Soziale Netzwerke,
- Vergleichsportale,
- Vermittlungsplattformen (u. a. Sharing Economy),
- Medien- und Inhaltedienste und
- Internet of Things (IoT)-Dienste.

Aus ökonomischer Sicht stellt die fundierte Bestimmung der tatsächlichen Marktmacht solcher Anbieter jedoch eine große Herausforderung dar. Aus diesem Grund werden die zur Verfügung stehenden Instrumente und Methoden derzeit von Politik und Wissenschaft kritisch diskutiert.[36] Sicher scheint aber schon jetzt, dass die Klärung der hiermit verbundenen, äußerst komplexen Fragen einen deutlich umfangreicheren Ansatz der klassischen Wettbewerbsanalyse erfordert.[37]

Gemein ist den Akteuren der digitalen Ökonomie, dass sie für gewöhnlich große Datenmengen von ihren Nutzern erheben, um diese anschließend weiterzuverarbeiten. Hierzu zählen etwa persönliche Präferenzen, Einstellungen und Beziehungen sowie Nutzungs-, Verhaltens- und Metadaten. Häufig werden sie zur Entwicklung bzw. Weiterentwicklung unternehmenseigener Dienste verwendet und derzeit vor allem zur Vermarktung treffgenauer Werbedienstleistungen eingesetzt.[38] Allerdings sind auch zahlreiche weitere Verwendungszwecke denkbar. Darüber hinaus werden Daten aus unternehmensinternen Prozessen oder aus zahlreichen anderen Quellen gewonnen und verarbeitet.

Im Gegensatz zu herkömmlichen Produkten und Dienstleistungen ist eine Vielzahl der oben genannten Dienste für den Verbraucher entgeltlos nutzbar. Das bedeutet, die Daten können als ökonomischer Inputfaktor verstanden wer-

---

[36] Vgl. hierzu beispielsweise *Monopolkommission*, Wettbewerbspolitik: Herausforderung digitale Märkte, Sondergutachten 68, Sondergutachten der Monopolkommission gemäß § 44 Abs. 1 Satz 4 GWB, 2015, S. 39 ff. (43); *Bundeskartellamt*, Marktmacht von Plattformen und Netzwerken, Arbeitspapier, 2016, S. 1; *Bundesministerium für Wirtschaft und Energie*, Grünbuch Digitale Plattformen, 2016, S. 53 f. *Bundesnetzagentur*, Stellungnahme der Bundesnetzagentur für Elektrizität, Gas, Telekommunikation, Post und Eisenbahnen zum Grünbuch »Digitale Plattformen« des Bundesministeriums für Wirtschaft und Energie, 2016, S. 78 ff., abzurufen unter: https://gruenbuch.de.digital/de/stellungnahmen.
[37] Vgl. hierzu auch *Bundesnetzagentur*, Stellungnahme der Bundesnetzagentur für Elektrizität, Gas, Telekommunikation, Post und Eisenbahnen zum Grünbuch »Digitale Plattformen« des Bundesministeriums für Wirtschaft und Energie, 2016, S. 78., im Internet unter: https://gruenbuch.de.digital/de/stellungnahmen.
[38] Die Effekte zielgenauer Werbung werden aus wohlfahrtsökonomischer Sicht ambivalent bewertet. Hier stehen die positiven Aspekte potenziell steigender Absatzmengen für Unternehmen und ein erhöhter Suchkomfort für Verbraucher den negativen Aspekten aufdringlicher Werbeanzeigen gegenüber. Vgl. u. a. *Bourreau/de Streel/Graef*, Big Data and Competition Policy: Market power, personalized pricing and advertising, CERRE Project Report, 2017, S. 53 f.

den.[39] Daneben verbreiten sich gleichermaßen neue Dienste, die ein gängiges Entgelt-basiertes Bezahlmodell verfolgen. Außerdem setzen auch etablierte Marktakteure, die klassische Geschäftsmodelle betreiben, vermehrt auf die Potenziale der Datenerhebung und -nutzung. Große Datenmengen bzw. Big Data werden dabei vor allem auch zur Umsetzung innovativer Dienstleistungen und Produkte an der Schnittstelle zum Kunden verwendet.[40]

Verschiedene Marktmachtfaktoren können sich förderlich auf die Marktposition von Akteuren der digitalen Ökonomie auswirken. Dabei können der Zugang zu Daten und die damit verbundenen Möglichkeiten der Datenverarbeitung diese nachstehenden Effekte begünstigen oder verstärken:[41]

- Direkte Netzwerkeffekte (Nutzer einer Plattformseite profitieren von der Erhöhung der Anzahl der Nutzer auf derselben Plattformseite, beispielsweise bei sozialen Netzwerken),
- Indirekte Netzwerkeffekte (Nutzer einer Plattformseite profitieren von der Anzahl der Nutzer auf einer anderen Plattformseite und vice versa, beispielsweise profitieren auf einer Handelsplattform die Käufer von einer hohen Anzahl an Verkäufern und umgekehrt),
- Dynamische Skaleneffekte (Spezialisierung und Lernkurveneffekte) und statische Skaleneffekte (Größenvorteile; Fixkostendegression; Ausweitung der Geschäftstätigkeit verursacht nur geringe Zusatzkosten),
- Lock-In-Effekte (ein durch hohe Wechselkosten oder sonstige Wechselbarrieren bedingtes Abhängigkeitsverhältnis, das es dem Kunden erschwert, einen Anbieter zu wechseln) und
- Verbundeffekte (wirtschaftliche Vorteile, die bei diversifizierten Unternehmen auftreten können, die auf verschiedenen Märkten tätig sind bzw. unterschiedliche Produkte anbieten; Synergieeffekte).

Ob sich Akteure der digitalen Ökonomie, insbesondere Internet-basierte Plattformen, aufgrund des Inputfaktors Daten oder anderer Faktoren zu marktmächtigen Akteuren entwickeln können und in die Lage versetzt werden, eine potenzielle marktmächtige Stellung zu missbrauchen, sollte in jedem Fall im Rahmen einer tiefergehenden Marktanalyse durch entsprechende Aufsichtsbe-

---

[39] Oftmals werden Daten als »Öl des 21. Jahrhunderts« bezeichnet. Anders als Rohstoffe sind Daten jedoch in vielen Fällen nicht knapp und in der Regel parallel oder mehrfach nutzbar. Transaktionen, die (auch) den Austausch von Daten einschließen, sind häufig entgeltlos, aber nicht zwingend kostenlos. Der beigemessene Datenwert ist dabei immer vom Kontext abhängig.
[40] Eine Kundenschnittstelle kann als Zugangspunkt zum Kunden beschrieben werden, welche die Interaktion und Transaktion mit der Anbieterseite und den dort angebotenen Dienstleistungen und Produkten ermöglicht.
[41] Vgl. hierzu *Evans/Schmalensee*, Competition Policy International 3 (1), 2007, S. 151 ff.; *Graef*, Telecommunications Policy (39), 2015, S. 502 ff. oder *Schepp/Wambach*, Journal of European Competition Law & Practice 7 (2), 2016, S. 120 ff.

hörden beantwortet werden. Die beschriebenen Effekte können das Entstehen marktmächtiger Strukturen dabei durchaus begünstigen. Allerdings existieren zugleich auch Faktoren, die Marktmachtkonzentrationen in Plattformmärkten tendenziell entgegenwirken.[42] So stärken insbesondere das sogenannte Multi-Homing (parallele Nutzung verschiedener Dienste) und die Möglichkeiten des Anbieterwechsels den Wettbewerb zwischen verschiedenen Anbietern. Darüber hinaus richten digitale Akteure ihr Angebot häufig an einen beschränkten Nutzerkreis (z. B. Onlineportale, die ihr Angebot bewusst auf eine bestimmte Zielgruppe ausrichten), um für heterogene Nutzergruppen die Suchkosten zu senken (Möglichkeiten der Differenzierung).[43] Aufgrund der Heterogenität der verschiedenen Akteure (beispielsweise hinsichtlich der Art und Menge der verwendeten Daten, der horizontalen und vertikalen Unternehmensausdehnung oder des gewählten Geschäftsmodells) erscheint es zielführend, grundsätzlich von pauschalen Antworten hinsichtlich der Bestimmung von Marktmacht in der digitalen Welt abzusehen. Vielmehr erfordert der hohe Grad an Komplexität eine differenzierte Betrachtung, beispielsweise in Form von konkreten Einzelfallanalysen.

Im Interesse von Wettbewerb und Verbraucherschutz gilt es, neue Entwicklungen durch Akteure der digitalen Ökonomie kritisch zu beobachten und die wahrnehmbaren Veränderungen aufmerksam zu begleiten. Hierbei ist einerseits das Kartellrecht mit seinen Instrumenten der Fusionskontrolle und Missbrauchsaufsicht gefordert.[44] Gleichermaßen ist festzustellen, dass der digitale Strukturwandel sich zunehmend auf die Märkte und Marktteilnehmer in den von der Bundesnetzagentur regulierten Netzsektoren auswirkt. Sofern die Netzinfrastrukturen und auf ihnen erbrachte Dienstleistungen direkt betroffen sind oder das Erreichen von Regulierungszielen beeinflusst wird, etwa in den Bereichen Marktzugang, Wettbewerb oder Datenschutz, ist andererseits ein Handeln der Regulierungsbehörden erforderlich. Dazu ist es unbedingt notwendig, dass sich Regulierung in allen Sektoren verstärkt mit Themen wie Datenerhebung und Datenverwertung auseinandersetzt.

Zu den neuen Herausforderungen zählt, dass klassische Instrumente der Wettbewerbs- und Regulierungsökonomie, etwa bei der Marktabgrenzung und Marktmachtbestimmung, an ihre Grenzen geraten. Schon die Marktabgrenzung als wesentliche Voraussetzung für die Marktmachtbestimmung ist äußerst komplex, weil beispielsweise aufgrund des mehrseitigen Charakters von Platt-

---

[42] Vgl. hierzu *Evans/Schmalensee*, Competition Policy International 3 (1), 2007, S. 151 ff.
[43] Vgl. hierzu *Bundesnetzagentur*, Stellungnahme der Bundesnetzagentur für Elektrizität, Gas, Telekommunikation, Post und Eisenbahnen zum Grünbuch »Digitale Plattformen« des Bundesministeriums für Wirtschaft und Energie, 2016, S. 18, im Internet: https://gruenbuch.de.digital/de/stellungnahmen.
[44] Vgl. *Bundeskartellamt*, Marktmacht von Plattformen und Netzwerken, Arbeitspapier, 2016, S. 89.

formmärkten oder des oft hohen Grades an Produktdifferenzierung unterschiedliche Kundengruppen von Akteuren der digitalen Ökonomie adressiert werden. Diese Akteure bedienen oft verschiedene Märkte, die gleichzeitig auch analoge Produkte umfassen können und für gewöhnlich in einem Abhängigkeitsverhältnis zueinander stehen, so dass auch die Beziehung zwischen diesen Märkten in die Abgrenzung einbezogen werden sollte. Sobald es gelungen ist, einen geeigneten Markt abzugrenzen, stellt sich die Frage der Bestimmung von Marktmacht. Auch hier weisen die neuen Akteure Besonderheiten auf. Gängige Marktmachtkriterien wie umsatzbasierte Marktanteile oder Preisveränderungen sind häufig nicht geeignet, da Leistungen in der digitalen Welt oft entgeltlos zur Verfügung gestellt werden.[45]

Auch das Thema Transparenz in der digitalen Welt kann den Wettbewerb beeinflussen. Transparenz ist in diesem Zusammenhang mindestens von zwei Seiten zu betrachten. Vergleichsportale und Suchmaschinen schaffen mitunter eine ungeahnte Transparenz in Märkten. Mobil und jederzeit können Suchanfragen gestellt werden, die unmittelbar beantwortet werden. Hierdurch sinken Transaktionskosten und die wirtschaftliche Interaktion wird gefördert. Preis- und Produktvergleiche werden somit tendenziell einfacher. Gleichzeitig entsteht jedoch eine neue Intransparenz über die Erfassung und die Verwendung von Nutzerdaten sowie die Beeinflussung von Suchergebnissen.[46] Demnach werden auf der einen Seite marktliche Informationsasymmetrien abgebaut, während auf der anderen Seite zur gleichen Zeit neue Informationsasymmetrien, beispielsweise zwischen Verbrauchern und Plattformbetreibern, aufgebaut werden. Dieses Transparenz-Dilemma erfordert möglicherweise neue Regeln, um Verbraucher vor intransparenten Geschäftspraktiken zu schützen. Hier gilt es sorgfältig zwischen den Interessen des Verbraucherschutzes und der Innovationsoffenheit abzuwägen, also die Frage zu beantworten, wie das Vertrauen in digitales Wirtschaften durch neue bzw. bessere Regeln gestärkt werden kann, ohne Innovationen und damit ökonomische Potenziale auszubremsen.[47]

---

[45] Vgl. *Bundeskartellamt*, Marktmacht von Plattformen und Netzwerken, Arbeitspapier, 2016, S. 78 und *Bundesnetzagentur*, Stellungnahme der Bundesnetzagentur für Elektrizität, Gas, Telekommunikation, Post und Eisenbahnen zum Grünbuch »Digitale Plattformen« des Bundesministeriums für Wirtschaft und Energie, 2016, S. 81, im Internet: https://gruenbuch.de.digital/de/stellungnahmen.

[46] *Bundesnetzagentur*, Stellungnahme der Bundesnetzagentur für Elektrizität, Gas, Telekommunikation, Post und Eisenbahnen zum Grünbuch »Digitale Plattformen« des Bundesministeriums für Wirtschaft und Energie, 2016, S. 91, im Internet: https://gruenbuch.de.digital/de/stellungnahmen.

[47] Siehe zum sog. »Identity Management«-Konzept und zu Überlegungen zur treuhänderischen Wahrnehmung von Datenrechten durch Dritte *Bundesnetzagentur*, Stellungnahme der Bundesnetzagentur für Elektrizität, Gas, Telekommunikation, Post und Eisenbahnen zum Grünbuch »Digitale Plattformen« des Bundesministeriums für Wirtschaft und Energie, 2016, S. 112 ff., im Internet: https://gruenbuch.de.digital/de/stellungnahmen.

2. Wettbewerbsfaktor Daten

Die stetig wachsenden Datenmengen aus unterschiedlichen Wirtschafts- und Gesellschaftsbereichen (u. a. Industrie, öffentliche Verwaltung, Energie, Mobilität, Gesundheitswesen oder Bildung) bieten grundsätzlich große Potenziale. Durch vernetzte Fertigungsprozesse (Industrie 4.0) und den vermehrten Einsatz intelligenter Betriebsmittel können kontinuierlich und umfassend Daten erzeugt, verknüpft und ausgewertet werden. Die Fähigkeit, massenhaft strukturierte und unstrukturierte Daten zu sammeln und mit intelligenten Algorithmen im Rahmen von Big-Data-Analysen auszuwerten, erlaubt aus unternehmensinterner Sicht ein nie gekanntes Maß an effizienter Produktionssteuerung, die Optimierung bestehender und die Entwicklung neuer Geschäftsmodelle. Kunden können so von stärker bedarfsorientierten und individualisierten Produkten profitieren. Die Digitalisierung nimmt damit erheblichen Einfluss auf die Wertschöpfungsketten und hiermit verbundene Prozesse.

Daten werden zu einem zentralen Inputfaktor für die Entwicklung von neuen Gütern und Dienstleistungen und besitzen so auch eine immer größere ökonomische Relevanz. Die Europäische Kommission schätzt beispielsweise, dass sich die Wertschöpfung der Datenökonomie in der EU durch Aktivitäten wie Datenerfassung, Speicherung und Auswertung im Jahr 2015 auf rund 272 Milliarden Euro belief.[48]

Für die vernetzten Anwendungsszenarien in den unterschiedlichen Wirtschafts- und Gesellschaftsbereichen einer wissens- und innovationsbasierten Wirtschaft ist dabei der Zugang zu umfangreichen Datenbeständen aus unterschiedlichen Bereichen und über Sektor- und Industriegrenzen hinweg zentral.[49] Aufgrund des erkennbaren gesamtgesellschaftlichen Mehrwerts (u. a. in Form von positiven externen Effekten) wird der Förderung des Austauschs von Daten auch im politischen Raum eine hohe Bedeutung beigemessen.[50]

Aus ökonomischer Sicht sind ambivalente Effekte hinsichtlich der Verwendung von Daten festzustellen. Auf der einen Seite sind datengetriebene Geschäftsmodelle in der Lage, beachtliche Effizienzgewinne und Kostensenkungspotenziale zu realisieren. Hierzu zählen Komfort- und Nutzengewinne durch Individualisierung, Bedarfsorientierung, ständige Verfügbarkeit und besseren Service, die Schaffung von Transparenz und der Abbau von Transaktionskosten (Preis- und Produkttransparenz), die vergleichsweise kostengünstigen Möglichkeiten der Geschäftsausweitung (Märkte vergrößern sich) sowie

---

[48] Vgl. *Europäische Kommission*, Building a European Data Economy, COM (2017) 9 final, S. 2.

[49] Vgl. *OECD*, Data-Driven Innovation. Big Data for Growth and Well-Being, Policy Note, 2015, S. 2.

[50] Vgl. beispielsweise *OECD*, Data-Driven Innovation. Big Data for Growth and Well-Being, Policy Note, 2015, S. 2; *Europäische Kommission*, Building a European Data Economy, COM (2017) 9 final, S. 4.

die Potenziale der (sektorübergreifenden) Vernetzung von Individuen, Dienstleistungen und Maschinen. Auf der anderen Seite ist eine Verfestigung von Marktzutrittsbarrieren denkbar, beispielsweise wenn Unternehmen fähig sind, Daten systematisch anzuhäufen und sich hieraus einzigartige Informationsvorteile ergeben. Um sich einen solchen Wettbewerbsvorteil verschaffen zu können, müssen Unternehmen neben dem großen Datenpool, allerdings über weitere Inputfaktoren verfügen.

Vor diesem Hintergrund ist die Frage zu klären, ob Daten als ein marktmachtverstärkender Wettbewerbsfaktor zu Lasten der Marktteilnehmer wirken können. Hierbei sind vor allem zwei Fälle denkbar:[51]

- Exklusivität von Daten: In der Regel können Daten durch verschiedene Akteure gleichzeitig erhoben und genutzt werden. Es sind aber auch Fälle denkbar, in denen ein Anbieter exklusiv über bestimmte Daten verfügt, eine Duplizierung der Daten nicht möglich ist und Wettbewerbern somit der freie Zugang zu gleichen oder ähnlichen Daten verwehrt bleibt. Eine derartige Marktzutrittsschranke könnte sich nachteilig auf den Wettbewerb im Markt und für die Verbraucher auswirken.
- Skalen- und Verbundvorteile durch Daten: Unter bestimmten Bedingungen ist es theoretisch möglich, dass Skaleneffekte durch Daten eine Art natürliches Monopol begründen. Dazu müssen die vorliegenden Skaleneffekte jedoch so stark sein, dass die mindestoptimale Datenmenge nur durch einen einzigen Akteur erreicht werden kann. Dieser Akteur muss dabei gleichzeitig über das entsprechende Know-how verfügen, um die Daten verarbeiten und verwerten zu können. In die Betrachtung sollten dabei auch Verbundvorteile eingehen, die vor allem durch horizontale und vertikale Integration ermöglicht werden. Hierzu zählen etwa die Datenerfassungs- und Verwendungsmöglichkeiten, die über verschiedene Geschäftsfelder im Konzernverbund erreicht werden können. Demnach gilt es nicht nur die absolute Datenmenge, sondern auch die unterschiedlichen Erfassungs- und Kombinationsmöglichkeiten zu berücksichtigen.
- Insgesamt ist festzustellen, dass sich der Wettbewerb einerseits durch neue Akteure der digitalen Ökonomie grundlegend intensivieren kann. Andererseits kann eine Monopolisierung oder zumindest eine wachsende Marktkonzentration durch datengetriebene Geschäftsmodelle befördert werden.

---

[51] Vgl. *Dewenter*, Wirtschaftsdienst, Wettbewerbspolitik in der digitalen Wirtschaft, 2016, S. 231 (238).

3. Weitergehende Herausforderungen für die Regulierung in den Netzsektoren

a) Datenzugang und Offenheit von Daten

Die Verwendung von umfangreichen Datenbeständen spielt in den volkswirtschaftlich bedeutenden Netzsektoren eine immer wichtigere Rolle, da Daten die Grundlage für die Steuerung komplexer Netzwerkstrukturen und der mit ihnen verbundenen Prozesse bilden.

Grundsätzlich fallen in den regulierten Netzsektoren im Rahmen des Infrastrukturbetriebs Daten vor allem bei der Prozesssteuerung an, die überwiegend keinen Personenbezug aufweisen.

Jedoch können Prozessdaten der Netzinfrastruktur unter Umständen auch für vor- oder nachgelagerte Wertschöpfungsstufen Relevanz besitzen, da hierdurch beispielsweise das Nachfrageverhalten von Kundengruppen prognostizierbar ist, wodurch neue Möglichkeiten zur effizienteren Steuerung von Prozessen entstehen.

In den Netzsektoren stellen sich deshalb neue Fragen hinsichtlich des Zugangs zu relevanten Daten für Wettbewerber auf vor- oder nachgelagerten Wertschöpfungsstufen. Hierzu sind neben den bereits skizzierten ökonomischen Besonderheiten der Datenökonomie weitere netzökonomische Besonderheiten zusätzlich zu berücksichtigen. Insoweit hat die Digitalisierung auch ihre Schattenseiten. Die Regulierung muss auch und gerade in Zeiten einer zunehmenden Übertragung von Entscheidungen und Prozessen auf Maschinen gewährleisten, dass die Vorgaben der Entflechtung und insbesondere die Diskriminierungsfreiheit eingehalten werden.

Unternehmen, die exklusiv über physische Infrastrukturen verfügen, können in Netzsektoren möglicherweise einen selektiven Informationsvorsprung durch exklusiven Datenbesitz erzielen. Durch die exponierte Marktstellung der Netzbetreiber ist Wettbewerbern gegebenenfalls eine eigenständige Erfassung relevanter Daten entweder mit vertretbarem Aufwand oder aus technischen Gründen nicht möglich. Für den Fall, dass der Netzinfrastrukturbetreiber ebenfalls auf einer vor- oder nachgelagerten Wertschöpfungsstufe aktiv ist, können sich hieraus potenzielle Wettbewerbsvorteile ergeben, vor allem wenn die Daten zusätzliche Erkenntnisse zulassen, die von Wettbewerbern nicht über andere Informationsquellen bezogen werden können (beispielsweise über den Erwerb von Daten am Markt). Ob der Zugang zu bestimmten Daten tatsächlich einen relevanten Marktmachtfaktor darstellt, kann allerdings nur im Kontext einer umfassenden Analyse aller Faktoren, die über Marktmacht bestimmen, beantwortet werden.

Verfügt ein Marktakteur tatsächlich über einen exklusiven Datenzugang mit wettbewerbsverzerrender Wirkung gilt es, geeignete Abhilfemaßnahmen zu ergreifen, um Marktmachtmissbrauch zu verhindern. Dies ist beispielsweise erforderlich, wenn ein vertikal-integriertes Unternehmen auf einer Wertschöpfungsebene über strategische Informationsvorteile verfügt. Eine selektive Informationsweitergabe zwischen einzelnen Konzernsparten (auch wertschöpfungsstufenübergreifend), die Wettbewerber diskriminiert, kann beispielsweise durch konsequente Entflechtungsvorschriften unterbunden werden. Der oft in der Branche geäußerte Vorwurf, die Entflechtung würde die Digitalisierung der Energiewirtschaft behindern, greift zu kurz. Aus Sicht der Bundesnetzagentur ist vielmehr das Gegenteil der Fall. Gerade die Digitalisierung fordert die bestehenden Entflechtungsregeln in hohem Maße heraus. Denn die Entflechtung dient gerade dem Zweck, durch strukturelle Maßnahmen eine mögliche Interessenkollision beim Netzbetreiber zulasten der Netznutzer oder Wettbewerber zu vermeiden. Solche Interessenkollisionen können zukünftig etwa dann entstehen, wenn Netzbetreiber zur Gewährleistung der Versorgungssicherheit öfter in das Geschäftsfeld von Energie- oder Flexibilitätsanbietern eingreifen müssen. Zudem könnte ein Interessenkonflikt und damit ein Diskriminierungspotenzial dadurch entstehen, dass die Entscheidungen des Netzbetreibers durch den lokal dominierenden Versorger, der gewöhnlich auch die größten netzdienlichen Flexibilitätspotenziale hat, beeinflusst werden. Die Zielrichtung des Erreichens eines volks- oder netzwirtschaftlichen Optimums wäre dadurch gefährdet. Die im Zuge der Digitalisierung immer komplexer werdenden Leistungsbeziehungen sowie eine rasante Zunahme an Marktakteuren benötigen klare Entflechtungsregeln, um den Wettbewerb in der Energiewirtschaft zu gewährleisten.[52] Ein unabhängiger Netzbetreiber kann in einer digitalisierten Energiewelt eine wichtige Rolle einnehmen, wenn er durch transparentes, klares und neutrales Handeln für eine Vielzahl von neuen Akteuren aus den verschiedensten Sektoren einen fairen Zugang zur Energieinfrastruktur organisiert.[53]

Allerdings stellen Entflechtungsvorschriften alleine nicht sicher, dass Daten auch durch weitere Marktakteure, etwa auf vor- und nachgelagerten Wertschöpfungsstufen, innovationsbringend genutzt werden können.

Aus diesem Grund sollten weitere Abhilfemaßnahmen betrachtet werden, die faire Wettbewerbsbedingungen herbeiführen können und zusätzlich den Mehrwert bzw. das ökonomische Potenzial von Daten berücksichtigen.[54] Im Fokus der Überlegungen stehen dabei im Folgenden nur nicht-personenbezogene Daten, deren Weitergabe nicht mit datenschutzrechtlichen Bestimmungen (wie beispielsweise der erforderlichen Einwilligung zur Datenweitergabe an Dritte)

---

[52] *Bourwieg*, Gastkommentar im energate messenger vom 23.05.2017, abzurufen unter http://www.energate-messenger.de/news/174359/bourwieg-digitale-energiewirtschaft-braucht-mehr-entflechtung.

[53] *Bundesnetzagentur*, Flexibilität im Stromversorgungssystem, Bestandsaufnahme, Hemmnisse und Ansätze zur verbesserten Erschließung von Flexibilität, S. 4.

[54] Vgl. beispielsweise *OECD*, Data-Driven Innovation. Big Data for Growth and Well-Being, Policy Note, 2015, S. 2, 5.

konfligiert. Mögliche Maßnahmen können sich hinsichtlich ihres Interventionsniveaus unterscheiden:

– So könnten in einem ersten Schritt regulatorische Handlungsempfehlungen Unternehmen dabei unterstützen, Daten freiwillig zu nicht-diskriminierenden Konditionen zu veröffentlichen.[55] Derartige Handlungsempfehlungen könnten beispielsweise Art und Umfang der Daten definieren, die entweder der Allgemeinheit zugänglich gemacht oder nur berechtigten Nutzern zur Verfügung gestellt werden sollten.
– Weitergehend könnten gemäß dem Grundsatz der Vertragsfreiheit Verhandlungslösungen zwischen Nachfragern und Unternehmen bezüglich eines Zugangs zu relevanten Daten unterstützt werden. Beispielsweise können Standardverträge dazu beitragen, mögliche Rechtsfragen bezüglich des Datenzugangs, insbesondere für kleinere Unternehmen, zu reduzieren.
– Durch die Festlegung von offenen Schnittstellen könnten technische Barrieren abgebaut und Daten-Austauschprozesse weiter gefördert werden.
– Wenn eine freiwillige Lösung nicht erzielt werden kann, könnte auch die regulatorische Einrichtung eines diskriminierungsfreien Zugangs zu Daten gegen Entgelt in Betracht gezogen werden. Die Zugangskonditionen müssten dabei zentral für alle Nutzer gleichermaßen festgelegt werden.

Hinsichtlich der Implementierung derartiger Maßnahmen sind Bedenken im Spannungsfeld zwischen Eingriffen in die unternehmerische Freiheit und dem Allgemeininteresse an einer freien Datenverfügbarkeit (Wettbewerb, Innovation, Forschung etc.) sorgfältig gegeneinander abzuwägen. So muss insbesondere verhindert werden, dass vertrauliche Unternehmensdaten an Wettbewerber weitergeleitet werden.[56]

Insgesamt ist erkennbar, dass sich die Fragen hinsichtlich eines offenen Zugangs zu Daten als sehr komplex erweisen und geeignete Rahmenbedingungen und Zugangsregime noch diskutiert werden. Hinsichtlich der praktischen Umsetzung ist es absehbar, dass es einer Regelungsinstanz bedarf mit der Zielsetzung, die skizzierten Fragestellungen gebündelt zu beantworten.

---

[55] Aktuell veröffentlichen bereits zahlreiche Unternehmen im Rahmen von Open-Data-Initiativen umfangreiche Datensätze, beispielsweise Netzdaten im Energie- oder Verkehrssektor.
[56] Aktuelle Entscheidungen zu Transparenzpflichten aus § 31 AregV: OLG Düsseldorf, Beschl. v. 16.02.2017, Az. VI 5 Kart 24/16 (V), OLG Schleswig, Beschl. v. 07.03.2017, Az. 53 Kart 4/17 sowie OLG Bremen, Beschl. v. 04.04.2017, Az. 2 W 11/17; OLG Jena, Beschl. v. 30.05.2017, Az. 2 Kart 1/17; OLG Düsseldorf, Beschl. v. 03.04.2017, Az. VI-3 Kart 11/17 (V).

b) Marktmacht und Marktveränderungen durch Akteure der digitalen Ökonomie

Im Rahmen der digitalen Transformationsprozesse gewinnt die Hoheit über die Kundenschnittstelle immer stärkere Bedeutung. Sie ist elementarer Hebel zur Etablierung erfolgreicher Geschäftsmodelle. Wer die Kundenschnittstelle kontrolliert, verfügt über wertvolle Kundendaten, die zu wertschöpfenden Informationen weiterverarbeitet werden können. Die Kundenschnittstelle kann auch in den Netzsektoren zunehmend durch verschiedene Player der digitalen Ökonomie (insbesondere Internet-basierte Plattformgeschäftsmodelle) besetzt werden. Beispielsweise bringen Anbieter von Internet-basierten Plattformdiensten, in ihrer Funktion als Intermediäre, mindestens zwei Nutzergruppen zusammen, ohne selber eigene aufwändige physische Infrastrukturen betreiben und erhalten zu müssen. Die auf diesen Märkten häufig vorliegenden indirekten Netzwerkeffekte sowie die hohe Skalierbarkeit von Plattformangeboten mit verhältnismäßig hohen Fixkosten und geringen variablen Kosten begünstigen dabei die Etablierung von dominierenden Anbietern auf verschiedenen Wertschöpfungsstufen.

Plattformanbieter besitzen dabei Effizienzvorteile gegenüber traditionellen Unternehmen, etwa durch Verbundvorteile bei der Sammlung und Auswertung von Daten. Traditionelle Unternehmen können hingegen oft nur Daten über das eigene (interne) Firmenverhalten und die Kundenschnittstelle erfassen (vor allem zielgerichtet und strukturiert). Durch Verbundvorteile können Plattformanbieter auch Wettbewerbsvorteile gegenüber Unternehmen realisieren, die gleiche Produkte über traditionelle Vertriebswege vermarkten, da sie Marktbeziehungen und Nachfrageverhalten umfassender prognostizieren können. Diese Verbundvorteile in der Datensammlung und Auswertung können beispielsweise strategisch genutzt werden, um gezielt Konkurrenten zu diskriminieren.

Aus diesem Grund sind etablierte Anbieter in den Netzsektoren verstärkt der Gefahr ausgesetzt, die Kundenschnittstelle zu verlieren oder von bisher branchenfremden Konkurrenten zu schlichten Zulieferern von physischen Komponenten degradiert zu werden. In dieser Rolle würden sie dann beispielsweise nur noch ein physisch notwendiges Vorprodukt oder eine Infrastrukturvorleistung liefern, während die primär softwarebasierten Komponenten zur digitalen Vernetzung und damit möglicherweise wesentliche Teile der Wertschöpfung, insbesondere an der Schnittstelle zum Endverbraucher, von bisher branchenfremden Anbietern beigesteuert werden würden.

Das bedeutet, auch in den Netzsektoren sind grundsätzlich Geschäftsmodelle denkbar, die durch Digitalisierung zu signifikant geringeren Grenzkosten angeboten werden können. Hier sollte allerdings beachtet werden, dass in einer digitalisierten Welt den Investitionen in physische Infrastrukturen weiterhin eine äußerst hohe Bedeutung zukommen wird. Anders als beispielsweise Medien- und Inhalteplattformen, die nach der Entwicklung innovativer Algorithmen und dem Aufbau einer geeigneten IT-Infrastruktur von erheblichen Skalenvorteilen profitieren können, bedarf es in den Netzsektoren weiterhin eines hohen Investitionsaufwands in Netzinfrastrukturen und vergleichsweise kostenintensive Betriebsmittel.[57] Aufgrund physischer Beschränkungen bei den Nutzungskapazitäten (etwa Anzahl der Nutzer der Schieneninfrastruktur oder Anzahl der Nutzer eines Breitbandanschlusses in einer Region) werden zudem oftmals geringere Skalen- und Dichtevorteile erzielt als durch rein Internetbasierte Geschäftsmodelle (beispielsweise Streaming-Plattformen). Demnach ist einer Annäherung an die oft zitierte »Null-Grenzkosten Ökonomie«, vor allem in den Netzsektoren, eine klare Grenze gesetzt.

Hinzu kommt, dass die im Rahmen der Digitalisierung häufig beschriebenen Möglichkeiten, einer von räumlichen und zeitlichen Faktoren entkoppelten Wertschöpfung in den Netzsektoren ebenfalls nur eingeschränkt nutzbar gemacht werden können. Dies gilt beispielsweise für zeitkritische bzw. zeitsensible Dienstleistungen aus dem Transportlogistik- oder Energiesektor. Demnach hat die Digitalisierung durchaus das Potenzial, Veränderungen in allen Wirtschaftsbereichen herbeizuführen. Ob die Umwälzungsprozesse tatsächlich disruptiver Natur sind, hängt dabei allerdings stark von den jeweiligen Rahmenbedingungen ab.

Das Ausmaß der Veränderungen infolge der digitalen Transformation ist noch nicht in vollem Umfang abschätzbar. Fest steht jedoch, dass die Bedeutung von Akteuren der digitalen Welt und von datengetriebenen Geschäftsmodellen auch in den Netzsektoren zunimmt. Im »digitalen Zeitalter« besteht in den Netzsektoren jedoch weiterhin ein hoher Bedarf für kostenintensive Infrastrukturinvestitionen und das Vorliegen von Infrastruktur-bottlenecks begründet weiterhin die Notwendigkeit einer klassischen Marktregulierung. Dennoch ist eine Verschiebung der Wertschöpfung in den einzelnen Netzsektoren möglich. Beispielsweise ist zu beobachten, dass die Kundenschnittstelle verstärkt von Infrastrukturbetreibern oder etablierten Marktakteuren zu neuen Akteuren der digitalen Ökonomie wandert. Dabei können sich die Prozesse, die der Netzinfrastruktur vor- oder nachgelagert sind, verstärkt zu neuen Akteuren verschieben (beispielsweise in den Bereichen Vertrieb, Zusatzdienste, Informationsbereitstellung etc.). Das Potenzial zu einer solchen Entwicklung hängt allerdings maßgeblich von den jeweiligen Markteigenschaften, dem Innovationscharakter der etablierten Anbieter und dem Ordnungsrahmen in den jeweiligen Sektoren ab.

---

[57] Damit gehen etwa sprungfixe Kostenstrukturen oder der hohe finanzielle Mittelbedarf für Ersatz-, Ausbau- und Neubauinvestitionen einher.

V. Fazit

Im Ergebnis bleibt festzuhalten, dass die durch die Digitalisierung angestoßenen Veränderungen aufgrund der zu erwartenden Effizienzsteigerung positiv zu bewerten sind. Der Bundesnetzagentur kommt dabei als Regulierungsbehörde eine die anstehenden Veränderungen begleitende Kontrollfunktion, insbesondere im Hinblick auf mögliche Marktmissbrauchspotenziale, zu. Eine disruptive Wirkung der Digitalisierung auf eine sich derzeit abzeichnende Marktrollenveränderung kann bislang jedoch nicht beobachtet werden.

Der Smart-Meter-Rollout und seine rechtlichen Folgewirkungen

Andreas Gabler

I.	Bisherige Ansätze einer Ausstattungsverpflichtung	36
II.	Überblick über die Ausstattungsverpflichtungen	37
III.	Gesetzliche Ausstattungsverpflichtung	39
	1. Letztverbraucher	39
	2. Anlagenbetreiber nach EEG/KWKG	40
IV.	Begrenzung der Ausstattungsverpflichtung	40
	1. Vorbehalt der technischen Möglichkeit	41
	2. Vorbehalt der wirtschaftlichen Vertretbarkeit	43
	a) Stufenweise und gruppenspezifische Ausgestaltung	43
	b) Jahresverbrauchswerte	43
	c) Mehrere Messstellen bei einem Anschlussnutzer	44
	d) Preisobergrenzen	45
	e) Ausstattungsfrist	46
	f) Ausstattung von Zählpunkten mit Erzeugungsanlagen	47
	3. Optionale Ausstattung	47
	4. Netzdienlicher und marktorientierter Einsatz	48
	5. Ausstattung mit modernen Messeinrichtungen	49
V.	Zielvorgaben zum Ausstattungsgrad	49
VI.	Informationspflichten des grundzuständigen Messstellenbetreibers	50
VII.	Zusammenfassende Bewertung	51

Die Einführung intelligenter Messsysteme (umgangssprachlich »Smart Meter«) ist ein wesentlicher Baustein der Energiewende. Mit ihnen sollen zum einen die verstärkten bidirektionalen Informations- und Stromflüsse in den Elektrizitätsversorgungsnetzen beherrschbar gemacht werden. Zum anderen erfordern auch neue Bedürfnisse auf Letztverbraucherseite eine intelligente Mess- und Kommunikationstechnologie. Intelligente Messsysteme können je nach Ausstattung für Letztverbraucher, Netzbetreiber und Erzeuger die notwendigen Verbrauchsinformationen bereitstellen, zur Übermittlung von Netzzustandsdaten verwendet werden sowie sichere und zuverlässige Steuerungsmaßnahmen unterstützen und dabei als Kommunikationsplattform im intelligenten Energienetz dienen.[1] Daneben könnten intelligente Messsysteme als Instrument für mehr

---

[1] Begründung zum Regierungsentwurf, BT-Drs. 18/7555, S. 62.

Energieeffizienz eingesetzt werden. Letztverbrauchern wäre es damit möglich, präzisere Informationen über ihr Verbrauchsverhalten zu bekommen und damit eine Motivation für ein energiesparendes Verhalten zu erhalten. Zum anderen bietet sich den Letztverbrauchern nach dem Einbau eines intelligenten Messsystems die Möglichkeit, von lastvariablen Tarifen zu profitieren. Hierdurch werden Anreize zur Verbrauchsverlagerung gesetzt, die ihrerseits netz- und/oder marktdienliche Zwecke erfüllen.

Diese Motivlage führte die Europäische Kommission letztlich dazu, im Rahmen des dritten Binnenmarktpaketes Strom und Gas (Richtlinien 2009/72/EG[2] und 2009/73/EG[3]) den Mitgliedstaaten die konkrete Aufgabe zu übertragen, bis zum Jahr 2020 80 % der Letztverbraucher mit intelligenten Messsystemen auszustatten.

I. Bisherige Ansätze einer Ausstattungsverpflichtung

Mit dem Inkrafttreten des Gesetzes zur Digitalisierung der Energiewende[4], insbesondere des in Artikel 1 geregelten Messstellenbetriebsgesetzes (MsbG)[5], am 02.09.2016 fand eine mehrjährige Entwicklung verschiedener Ansätze zur Einführung intelligenter Messsysteme ein vorläufiges Ende. Erste Vorgaben hatte bereits die europäische Energiedienstleistungsrichtlinie im Jahr 2006 vorgesehen.[6] Im Zuge der Ersetzung bestehender Zähler bei Endkunden oder bei Errichtung neuer Gebäude sowie bei größeren Renovierungen sollten entsprechende Messeinrichtungen verbaut werden. Dies stand jedoch noch unter dem Vorbehalt der technischen Machbarkeit sowie der finanziellen Vertretbarkeit und Angemessenheit im Vergleich zu den potenziellen Einsparungen. In deutsches Recht umgesetzt wurde diese Vorgabe im Jahr 2008 durch eine entsprechende Anpassung des EnWG. Die Verpflichtungen standen allerdings ebenfalls unter dem Vorbehalt der technischen Machbarkeit und der wirtschaftlichen Zumutbarkeit (vgl. § 21b Abs. 3a und 3b EnWG 2008) und bedurften zudem weiterer regulatorischer Konkretisierung durch eine (letztlich nie erlassene) Rechtsverordnung.[7] Eben diese Vorbehalte führten jedoch dazu, dass die

---

[2] Richtlinie 2009/72/EG des Europäischen Parlaments und des Rates vom 13. Juli 2009 über gemeinsame Vorschriften für den Elektrizitätsbinnenmarkt.

[3] Richtlinie 2009/73/EG des Europäischen Parlaments und des Rates vom 13. Juli 2009 über gemeinsame Vorschriften für den Erdgasbinnenmarkt.

[4] Gesetz vom 29.08.2016, BGBl. I S. 2034.

[5] Gesetz über den Messstellenbetrieb und die Datenkommunikation in intelligenten Energienetzen (Messstellenbetriebsgesetz – MsbG).

[6] Richtlinie 2006/32/EG des Europäischen Parlaments und des Rates vom 5. April 2006 über Endenergieeffizienz und Energiedienstleistungen, nunmehr Richtlinie 2012/27/EU des Europäischen Parlaments und des Rates vom 25. Oktober 2012 zur Energieeffizienz.

[7] Zum zwischenzeitlich diskutierten »Verordnungspaket Intelligente Netze« vgl. *Schäfer-Stradowsky/Boldt*, EnWZ 2015, S. 349 ff.

Verpflichtung zum Einbau intelligenter Messsysteme praktisch nie durchgesetzt werden konnte.

Erst das bereits angesprochene dritte EU-Binnenmarktpaket 2009 nahm einen erneuten Anlauf, um intelligente Messsysteme flächendeckend einzuführen. Dabei wurde das konkrete Ziel vorgegeben, bis zum Jahr 2020 mindestens 80 % der Verbraucher mit entsprechenden Messsystemen auszustatten, sofern eine gesamtwirtschaftliche Bewertung die Einführung positiv bewertet (vgl. Anhang 1 Abs. 2 zur Elektrizitätsbinnenmarktrichtlinie 2009/72/EG). Die Richtlinien stellten damit die Ausstattungsverpflichtung unter den Vorbehalt einer zunächst generellen wirtschaftlichen Bewertung. Diese erfolgte in der Bundesrepublik durch eine sogenannte Kosten-Nutzen-Analyse, die am 30.07.2013 fertiggestellt und veröffentlicht wurde.[8] Auf die darin enthaltenen Empfehlungen wird nachfolgend noch einzugehen sein. Zwischenzeitlich hatte das EnWG aus dem Jahr 2011 erneut eine Verschärfung der Ausstattungsverpflichtung vorgesehen (§§ 21c ff. EnWG 2011). Adressiert waren nunmehr neue Gebäude mit neuen Anschlüssen sowie größere Renovierungen, Letztverbraucher mit einem Jahresverbrauch ≤ 6.000 kWh sowie EEG- und KWK-Anlagen mit einer installierten Leistung von mehr als 7 kW. Auch insoweit stand die Ausstattungsverpflichtung jedoch erneut unter dem Vorbehalt der technischen Möglichkeit und der wirtschaftlichen Vertretbarkeit (§ 21c Abs. 2 EnWG 2011).

Die Ausstattungsverpflichtung des § 21c EnWG 2011 führte letztlich ebenfalls nicht zu dem gewünschten Erfolg. Zumindest wurden dadurch aber die notwendigen technischen Entwicklungen im Zusammenhang mit dem Datenschutz und der Anlagensicherheit für Messsysteme angestoßen und maßgeblich vorangetrieben. Die Entwicklung von Schutzprofilen und technischen Richtlinien, die intelligente Messsysteme künftig einhalten müssen, ist unmittelbar auf die gesetzlichen Vorgaben zurückzuführen (vgl. §§ 21d bis 21i EnWG 2011). Hierauf können das MsbG und die in den §§ 29 ff. MsbG vorgesehenen Ausstattungsverpflichtungen nunmehr zurückgreifen.

II. Überblick über die Ausstattungsverpflichtungen

Adressat der Ausstattungsverpflichtung ist der grundzuständige Messstellenbetreiber (§ 29 Abs. 1 MsbG). Dies ist gegenüber der ursprünglichen Rechtslage nach dem EnWG 2011 eine Weiterentwicklung. Danach war jeder Messstellenbetreiber von der Ausstattungsverpflichtung betroffen.[9] Nach nunmehr geltender Rechtslage ist es nicht entscheidend, ob es sich um den Netzbetreiber als

---

[8] *Ernst & Young*, Kosten-Nutzen-Analyse für einen flächendeckenden Einsatz intelligenter Zähler, abrufbar unter http://www.bmwi.de/Redaktion/DE/Publikationen/Studien/kosten-nutzen-analyse-fuer-flaechendecken-den-einsatz-intelligenterzaehler.html.
[9] § 21c Abs. 1 EnWG 2011 adressierte nur den »Messstellenbetreiber«, da es bis dato die

»geborenen« grundzuständigen Messstellenbetreiber handelt (§ 2 Satz 1 Nr. 4 MsbG) oder um einen »gekürten« grundzuständigen Messstellenbetreiber, der die Grundzuständigkeit im Ergebnis eines Übertragungsverfahrens nach § 43 Abs. 1 MsbG erworben hat. Nur ausnahmsweise ist der grundzuständige Messstellenbetreiber nicht angesprochen, wenn ein frei gewählter Messstellenbetreiber im Auftrag des Anschlussnutzers nach § 5 MsbG bereits die entsprechenden Ausstattungsvorgaben erfüllt hat (§ 36 Abs. 1 Satz 1 MsbG).

§ 29 MsbG bekräftigt das grundsätzliche Ziel, im Interesse von Umwelt- und Klimaschutz zu einer breit angelegten Einführung von intelligenten Messsystemen als Basis für intelligente Netze zu kommen.[10] § 29 Abs. 1 MsBG enthält zu diesem Zweck Vorgaben für die Ausstattung von Messstellen, die für den Gesetzgeber von derart entscheidender Bedeutung sind, dass ihre Durchführung nicht im Belieben des grundzuständigen Messstellenbetreibers stehen soll, sondern verpflichtend vorgegeben wird.[11] Hierzu sind etwa die Fallgruppen der Letztverbraucher mit einem Jahresstromverbrauch von mindestens 6.000 kWh und die Erzeuger nach dem Erneuerbare-Energien-Gesetz und dem Kraft-Wärme-Kopplungsgesetz mit Anlagen größer 7 kW installierter Leistung aus dem zuvor geltenden Recht übernommen worden (vgl. § 21c Abs. 1 EnWG 2011). Ergänzt wird die Fallgruppe der Letztverbraucher, die über § 14a EnWG in einen netzdienlichen Flexibilitätsmechanismus eingebunden sind. Hierauf hatte die Kosten-Nutzen-Analyse des Bundesministeriums für Wirtschaft und Energie entsprechend hingewiesen.

Die noch aus § 21c Abs. 1 lit. a) EnWG 2011 bekannte verbrauchsunabhängige Einbauverpflichtung für intelligente Messsysteme bei Neubauten und größeren Renovierungen wird hingegen nicht fortgeführt. An deren Stelle tritt die Verpflichtung, entsprechende Neubauten bzw. Gebäude, die einer größeren Renovierung im Sinne der Richtlinie 2010/31/EU über die Gesamtenergieeffizienz von Gebäuden unterzogen werden, zumindest mit modernen Messeinrichtungen im Sinne des § 2 Nr. 15 MsbG auszustatten. Für die spätere Nachrüstbarkeit von Smart-Meter-Gateways trifft der parallel neu geregelte § 22 Abs. 2 NAV entsprechend Vorsorge. Ausreichend soll insoweit sein, dass der neu eingebaute Zählerschrank hinreichend Platz für den Einbau eines Smart-Meter-Gateways bietet.

Daneben steht es dem grundzuständigen Messstellenbetreiber jedoch frei, auch über die gesetzlichen Mindestvorgaben hinaus Messstellen an ortsfesten Zählpunkten mit intelligenten Messsystemen auszustatten. Relevant sind hier die im Gesetz vorgesehenen Fallgruppen für Letztverbraucher mit einem Jahresstromverbrauch bis einschließlich 6.000 kWh sowie von Stromerzeugungs-

---

Marktrolle des »grundzuständigen Messstellenbetreibers« noch nicht gab, vgl. *Säcker/Zwanziger*, RdE 2016, S. 381, 383.

[10] Begründung zum Regierungsentwurf, BT-Drs. 18/7555, S. 89.
[11] Begründung zum Regierungsentwurf, BT-Drs. 18/7555, S. 89.

anlagen mit einer installierten Leistung von über 1 bis einschließlich 7 kW (§ 29 Abs. 2 MsbG). Gruppen von Letztverbrauchern oder Erzeugungsanlagen, die nicht in den Anwendungsbereich einer Ausstattungsverpflichtung nach § 29 Abs. 1 oder 2 MsbG fallen, sind zumindest mit modernen Messeinrichtungen auszustatten, sofern dies wirtschaftlich vertretbar ist (§ 29 Abs. 3 i. V. m. § 32 MsbG). Gesetzlich vorgesehen ist darüber hinaus der sogenannte netzdienliche und marktorientierte Einsatz von intelligenten Messsystemen (§ 33 MsbG). Hierbei können Netzbetreiber, Direktvermarktungsunternehmer und Anlagenbetreiber auf eigene Kosten gegen ein angemessenes Entgelt von grundzuständigen Messstellenbetreiber u. a. die Ausstattung von Messstellen mit modernen Messeinrichtungen und Smart-Meter-Gateways verlangen (§ 33 Abs. 1 MsbG).

III. Gesetzliche Ausstattungsverpflichtung

Wie bereits angedeutet differenziert das MsbG im Hinblick auf die Ausstattungsverpflichtung zwischen bestimmten Letztverbrauchern und Anlagenbetreibern.

1. Letztverbraucher

Die gesetzliche Ausstattungsverpflichtung betrifft zunächst Letztverbraucher mit einem Jahresstromverbrauch von über 6.000 kWh an einer Entnahmestelle (§ 29 Abs. 2 Nr. 1 MsbG). Dabei wird nicht unterschieden, ob der Jahresstromverbrauch über den entsprechenden Zählpunkt von einem externen Lieferanten bezogen oder innerhalb der Verbrauchsstelle im Rahmen einer Eigenerzeugung selbst produziert wird. Maßgeblich ist insoweit die Summe aus Fremdstrombezug und Eigenerzeugung.[12] Die Logik dieser Gesamtbetrachtung erscheint insoweit nachvollziehbar, als das Einsparpotential mit dem Gesamtvolumen des Stromverbrauchs steigt. Im Hinblick auf den realisierbaren Umfang einer Kosteneinsparung dürfte es jedoch relevante Unterschiede zwischen einem Eigenerzeuger und einem reinen Letztverbraucher geben, aufgrund derer eine Gleichbehandlung durch einheitliche Preisobergrenzen durchaus infrage gestellt werden könnte.[13]

Die Ausstattungsverpflichtung betrifft darüber hinaus Letztverbraucher, mit denen eine Vereinbarung nach § 14a EnWG besteht. Hierbei handelt es sich um unterbrechbare Verbrauchseinrichtungen, denen der zuständige Netzbetreiber in seinem Netznutzungsvertrag ein reduziertes Netzentgelt berechnet, wenn er im Gegenzug die netzdienliche Steuerung von steuerbaren Verbrauchseinrichtungen vereinbart hat (§ 14a Satz 1 EnWG).

---

[12] Zu den Folgeproblemen siehe nachfolgend Abschnitt IV. 2. b).
[13] BerlKommEnR/*Franz*, § 29 MsbG Rn. 12.

2. Anlagenbetreiber nach EEG/KWKG

Die Ausstattungsverpflichtung betrifft darüber hinaus Messstellen für Anlagenbetreiber im Sinne des EEG bzw. KWKG mit einer installierten Leistung von über 7 kW (§ 29 Abs. 1 Nr. 2 MsbG). Hierbei sind die Vorgaben des § 21 Abs. 4 MsbG sowie des § 9 Abs. 3 EEG 2017 »zu beachten« (§ 29 Abs. 4 MsbG). Der damit verbundene Regelungsbefehl ist zumindest ungewöhnlich und auch die Gesetzesbegründung hilft an dieser Stelle nicht weiter.[14]

Im Hinblick auf § 21 Abs. 4 MsbG dürfte sich keine weitere Rechtsfolge im Zusammenhang mit der Ausstattung von Messstellen ergeben, weil § 21 Abs. 4 MsbG ohnehin aus eigener Kraft gilt und daher auch ohne den gesonderten gesetzgeberischen Hinweis »zu beachten« ist. In Verbindung mit § 29 Abs. 4 MsbG dürfte insoweit aber klargestellt sein, dass die Ausstattungsverpflichtung nicht über die an anderer Stelle im Gesetz geregelten Umfänge hinausgeht.

Anderes gilt im Hinblick auf den Querverweis zu § 9 Abs. 3 EEG 2017. Dieser ordnet an, dass Solaranlagen zum Zwecke der Ermittlung der installierten Leistung zusammenzufassen sind, wenn sie sich auf demselben Grundstück oder Gebäude befinden und innerhalb von zwölf aufeinander folgenden Kalendermonaten in Betrieb genommen worden sind. Offenbar beabsichtigt der Gesetzgeber insoweit, diese Regelungswirkung in das MsbG zu übernehmen. Dies wäre vor dem Hintergrund konsequent, dass die Ausstattungsverpflichtung an den Schwellenwert von 7 kW installierter Leistung geknüpft ist (vgl. § 29 Abs. 1 Nr. 2 MsbG). Allerdings gilt dieser Schwellenwert generell für Anlagenbetreiber im Sinne des § 2 Nr. 1 MsbG und damit sowohl für Betreiber von sonstigen EEG- als auch für Betreiber von KWK-Anlagen. Letztere sind von der durch § 9 Abs. 3 EEG 2017 angeordneten Anlagenzusammenfassung jedoch nicht erfasst und daher im Anwendungsbereich des MsbG auch nicht zusammenzufassen. Es wäre zwar nachvollziehbar gewesen, wenn der Gesetzgeber eine solche Zusammenfassung vorgesehen hätte,[15] hierfür hätte er aber z.B. eine entsprechende Anwendung des § 9 Abs. 3 EEG 2017 anordnen müssen, nicht eine bloße Beachtung der EEG-Regelung.

IV. Begrenzung der Ausstattungsverpflichtung

Die gesetzliche Ausstattungsverpflichtung nach § 29 Abs. 1 MsbG gilt nicht vorbehaltlos. Voraussetzung ist jeweils, dass die Ausstattung einer Messstelle mit intelligenten Messsystemen technisch möglich und wirtschaftlich ver-

---

[14] Lediglich die gesetzliche Regelung paraphrasierend: Begründung zum Regierungsentwurf, BT-Drs. 18/7555, S. 90.

[15] Mikro- und Nano-BHKWs sind bereits mit einer elektrischen Leistung von kleiner 2,5 kW am Markt verfügbar.

tretbar ist. Die Konkretisierung dieser Vorbehalte erfolgt in den §§ 31 bis 35 MsbG.

Hintergrund der Einschränkung ist, dass der Gesetzgeber den Einbau von moderner, digitaler Technik nicht »um jeden Preis« vorantreiben will. Kosten und Nutzen eines Einbaus müssen in einem vernünftigen Verhältnis stehen.[16] Die gesetzlichen Maßgaben sollen deshalb einen sachlich ausgewogenen, d. h. individuell zumutbaren und gesamtwirtschaftlich sinnvollen, Einbau ermöglichen, ohne die Letztverbraucher und Erzeuger, bei denen die modernen Geräte eingebaut werden, mit unverhältnismäßigen Kosten zu belasten.[17] Aber auch die grundzuständigen Messstellenbetreiber sollen nicht zu einer betriebswirtschaftlich nicht darstellbaren Einbaumaßnahme verpflichtet werden.

1. Vorbehalt der technischen Möglichkeit

Die Ausstattung von Messstellen mit einem intelligenten Messsystem ist technisch möglich, wenn mindesten drei voneinander unabhängige Unternehmen intelligente Messsysteme am Markt anbieten, die den am Einsatzbereich des Smart-Meter-Gateways orientierten Vorgaben des § 24 Abs. 1 MsbG genügen, und das Bundesamt für Sicherheit in der Informationstechnik (BSI) dies feststellt (§ 30 Satz 1 MsbG). Der Gesetzgeber gibt dem BSI damit die Aufgabe, Marktanalysen durchzuführen, um die technische Möglichkeit festzustellen.

Unklar ist hierbei bereits, wann von »unabhängigen Unternehmen« auszugehen ist. Der Gesetzgeber hat dies weder im Gesetz noch in der entsprechenden Begründung näher konkretisiert. Hierbei dürften strukturelle Verflechtungen, etwa die insoweit schädliche konzernmäßige Verbundenheit im Sinne der §§ 15 ff. AktG, noch verhältnismäßig leicht anhand von Geschäftsberichten oder ähnlichen Veröffentlichungen feststellbar sein. Deutlich komplexer gestaltet sich jedoch die Prüfung einer ebenfalls schädlichen Einflussnahmemöglichkeit auf vertraglicher Basis (etwa im Fall von Minderheitsbeteiligungen oder Kooperationsvereinbarungen) oder im Fall vertikaler Lieferbeziehungen. Mangels einer Rechtsgrundlage für entsprechende Auskunftsrechte oder gar Ermittlungsbefugnisse zugunsten des BSI dürften hier die Erkenntnismöglichkeiten entsprechend gering sein.

Weitere Voraussetzung ist, dass die drei voneinander unabhängigen Unternehmen entsprechend zertifizierte Smart-Meter-Gateways tatsächlich am Markt anbieten. Dabei ist jedoch völlig offen, welche Anforderungen in diesem Punkt an die Marktanalyse zu stellen sind. Das BSI kann nach eigener Wahrnehmung sicherlich erkennen, wenn entsprechende Produkte durch die eigenen Dienststellen zertifiziert werden (vgl. §§ 24, 25 MsbG). Ob die entsprechenden

---

[16] Begründung zum Regierungsentwurf, BT-Drs. 18/7555, S. 91.
[17] Begründung zum Regierungsentwurf, BT-Drs. 18/7555, S. 91.

Produkte jedoch tatsächlich am Markt angeboten werden, dürfte von einer bis dato mit vergleichbaren Aufgaben nicht beschäftigten Behörde allerdings kaum feststellbar sein. Dem Gesetzeswortlaut folgend, mag das bloße Anbieten entsprechender Lösungen in eigenen Geschäften sicher noch genügen, maßgeblich für den Erfolg des Rollouts ist jedoch, dass diese Geräte auch tatsächlich verfügbar und in den erforderlichen Stückzahlen lieferbar sind.

Darüber hinaus ist fraglich, ob das Gesetz eine förmliche Feststellung der technischen Möglichkeit durch das BSI erfordert und welchen Rechtscharakter die entsprechende Feststellung haben soll. Die Gesetzesbegründung schweigt hierzu. Praktisch wird diese Frage wohl zunächst keine Rolle spielen, weil die jeweiligen Messstellenbetreiber ohnehin darauf vorbereitet sind, entsprechende Ausstattungsprogramme zu starten und nur auf die entsprechende Feststellung warten. Sorgfalt ist jedoch geboten, weil an den Beginn der Ausrollverpflichtung konkrete Fristen gebunden sind, an die zum Teil konkrete Rechtsfolgen geknüpft werden (vgl. insbesondere § 45 Abs. 2 MsbG). Vor diesem Hintergrund besteht ein erhebliches Interesse der Marktbeteiligten, die Marktverfügbarkeit verbindlich und rechtssicher festzustellen und gegebenenfalls Rechtsschutz zu suchen.[18]

Darüber hinaus ist vom Gesetzgeber nicht klar geregelt worden, mit welchem individuellen Prüfungsaufwand die grundzuständigen Messstellenbetreiber das Eintreten der technischen Möglichkeit einer Ausstattung mit intelligenten Messsystemen überwachen müssen. Dies ist insbesondere vor dem Hintergrund kritisch zu betrachten, weil das Gesetz in § 30 Satz 2 MsbG als Veröffentlichungsort für die Marktanalysen und die genannte Feststellung lediglich die (nicht eben übersichtliche) Internetseite des BSI vorsieht. Eine weitergehende öffentliche Bekanntmachung, etwa im Bundesanzeiger o. ä., ist also gerade nicht vorgesehen. Um keine unnötige Zeit zu verlieren, werden die Adressaten der Ausstattungsverpflichtung also regelmäßig und in kurzen Abständen die in Betracht kommenden Internetseiten des BSI auf einen entsprechenden Hinweis absuchen müssen. Ob ein solches Vorgehen noch mit den Vorgaben der rechtsstaatlichen Transparenz vereinbar ist, kann sicher bezweifelt werden, ist aber nicht Gegenstand dieser Darstellung.

---

[18] BerlKommEnR/*Schmidt*, § 30 Rn. 17 geht von einem Verwaltungsakt aus, gegen den Rechtsschutz vor den Verwaltungsgerichten zu suchen wäre. Vor dem Hintergrund, dass die Gesamtheit der grundzuständigen Messstellenbetreiber von der »Feststellung« betroffen ist, dürfte es sich allerdings eher um einer Allgemeinverfügung im Sinne des § 35 Satz 2 VwVfG handeln, die insoweit auch die entsprechenden Formalia des Erlasses (einschließlich Rechtsbehelfsbelehrung) einzuhalten hat. Hinzuweisen ist allerdings darauf, dass einer entsprechenden Anfechtung – anders als im Fall des Beschwerdeverfahrens nach §§ 75 ff. EnWG – für den jeweils Anfechtenden aufschiebende Wirkung zukommt.

2. Vorbehalt der wirtschaftlichen Vertretbarkeit

Wann die Ausstattung einer Messstelle mit einer intelligenten Messeinrichtung wirtschaftlich vertretbar ist, lässt sich nicht für alle Anschlussnutzer gleichermaßen beantworten.

a) Stufenweise und gruppenspezifische Ausgestaltung

Durch in § 31 MsbG bundesweit einheitlich vorgegebenen Kosten- und Preisobergrenzen für Einbau und Betrieb von intelligenten Messsystemen und Zählern sollen Letztverbraucher sowie Betreiber kleiner EEG- und KWK-Anlagen vor unverhältnismäßigen finanziellen Belastungen geschützt werden. Deshalb stehen auch zunächst diejenigen Gruppen von Letztverbrauchern bzw. Erzeugern im Mittelpunkt, die ein überdurchschnittlich hohes Nutzenpotenzial bereits bei Stromeinsparungen und Lastverlagerungen haben.

Der Rolloutansatz, sowohl technologisch als auch nach Gruppen getrennt (unterschiedliche Letztverbraucher, unterschiedliche Erzeuger, moderne Gebäudeinfrastruktur), sieht gewisse Zeitfenster vor und ist stufenweise angelegt. In die Ausstattungsverpflichtung von intelligenten Messsystemen sollen Verbrauchergruppen nur soweit verpflichtend einbezogen werden, als sichergestellt ist, dass sie hinreichend davon profitieren. Es werden deshalb strikt am Nutzenpotenzial orientierte Preisobergrenzen verankert.[19] Gegenüber den gesetzgeberischen Vorversionen spricht das MsbG also nicht mehr davon, dass den Letztverbraucher keine Mehrkosten mehr treffen dürfen. Stattdessen wird die wirtschaftliche Vertretbarkeit in Abhängigkeit vom jährlichen Stromverbrauch bzw. von der installierten Leistung bei Erzeugungsanlagen abhängig gemacht.

Die entsprechenden stufenweisen und am Nutzenpotenzial orientierten Kategorien des § 31 Abs. 1 und 2 MsbG sind objektiv ausgestaltet und orientieren sich an dem jeweiligen Jahresstromverbrauch an einer Abnahmestelle bzw. der entsprechenden elektrischen Leistung der Erzeugungsanlagen. Dem einzelnen grundzuständigen Messstellenbetreiber steht es daher nicht frei, einen Gegenbeweis der wirtschaftlichen Unzumutbarkeit anzutreten.

b) Jahresverbrauchswerte

Die vom Rollout erfassten Gruppen werden anhand des „Jahresstromverbrauchs" gegliedert. Weder das MsbG noch das EnWG definieren jedoch, was darunter zu verstehen ist. Offenbar hat der Gesetzgeber es für unnötig erachtet, dies zu konkretisieren. Dabei hätte es durchaus Anlass gegeben, einige Gedanken hierzu zu fixieren. So werden etwa im Haushaltskundensegment die Jahresstromverbräuche in der Regel nicht kalenderjahresscharf erfasst, sondern rollie-

---

[19] Begründung zum Regierungsentwurf, BT-Drs. 18/7555, S. 91.

rend im Jahresverlauf abgelesen.[20] Unter praktischen Gesichtspunkten dürfte es daher genügen, auf die jeweils zuletzt für einen Zeitraum von zwölf Monaten erfassten Verbrauchswerte zurückzugreifen, ohne eine kalenderjahrscharfe Abgrenzung zu verlangen. Letztes wäre eine unnötige zusätzliche Belastung für den grundzuständigen Messstellenbetreiber.

Die Bemessung des Jahresstromverbrauchs erfolgt grundsätzlich anhand der jeweils letzten drei Jahresverbrauchswerte (§ 31 Abs. 4 Satz 1 MsbG).[21] Liegen noch keine drei Jahreswerte vor, erfolgt die Zuordnung zur Verbrauchsgruppe mit einem Jahresstromverbrauch bis einschließlich 2.000 kWh (§ 31 Abs. 4 Satz 2 i. V. m. Abs. 3 Nr. 4 MsbG). Hintergrund der Regelung ist, dass nur diejenigen Verbraucher in die Ausstattungsverpflichtung einbezogen bzw. nur mit den Kosten belastet werden sollen, die ihrem eigenen Verbrauchsverhalten tatsächlich entsprechen. Die Glättung der entsprechenden Werte über die Bildung eines Dreijahresdurchschnitts verhindert demnach, dass einzelne »Ausreißer« zu sachlich nicht gerechtfertigten finanziellen Belastungen führen.

Der grundzuständige Messstellenbetreiber hat diesen Durchschnittswert jährlich zu überprüfen und, soweit erforderlich, das für den Messstellenbetrieb nach den vorstehenden Regelungen zustehende Entgelt anzupassen (§ 31 Abs. 4 Satz 3 MsbG). Dieses dynamische Verfahren hat zur Folge, dass sich der Umfang der Ausstattungsverpflichtung in Abhängigkeit des Verbrauchsverhaltens der jeweiligen Anschlussnutzer ändern kann, ohne dass sich an den entsprechenden Entnahmestellen selbst physische Änderungen zeigen. Gerade bei Kunden mit jährlich um einen konkreten Grenzwert schwankendem Stromverbrauch kann sich auf diese Weise ein regelmäßiger Anpassungsbedarf der Messentgelte an die jeweils gültigen Preisobergrenzen ergeben.

c) Mehrere Messstellen bei einem Anschlussnutzer

Als von erheblicher praktischer Relevanz wird sich voraussichtlich die Regelung in § 31 Abs. 5 MsbG erweisen. Danach sind bei einem Anschlussnutzer, bei dem mehrere Messstellen innerhalb eines Gebäudes mit intelligenten Messsystemen auszustatten sind, die Preisobergrenzen nach § 31 Abs. 1 und 2 MsbG mit

---

[20] Vgl. § 40 Abs. 3 Satz 1 EnWG: »Lieferanten sind verpflichtet, den Energieverbrauch nach ihrer Wahl monatlich oder in anderen Zeitabschnitten, die jedoch zwölf Monate nicht wesentlich überschreiten dürfen, abzurechnen«.

[21] Solange die Netzbetreiber als grundzuständige Messstellenbetreiber auftreten, dürften die entsprechenden Vorjahreswerte aus den Netzabrechnungen der Vorjahre bekannt sein. Die Verbrauchsdaten einer EEG-Umlage-pflichtigen Eigenversorgung würde er zudem infolge der Meldepflichten nach §§ 74, 74a EEG 2017 erhalten. Handelt es sich jedoch im Einzelfall um eine von der EEG-Umlage vollständig befreite Eigenerzeugung nach §§ 61c oder 61d EEG 2017, besteht insoweit keine Meldeverpflichtung. Auch ein »gekürter« grundzuständiger Messstellenbetreiber hätte generell keinen Zugriff auf historische Verbrauchswerte. Insoweit bietet das MsbG keine Rechtsgrundlage, um an die fehlenden Verbrauchsdaten heranzukommen und ist daher lückenhaft.

der Maßgabe anzuwenden, dass dem Anschlussnutzer für den Messstellenbetrieb insgesamt nicht mehr als die höchste fallbezogene Preisobergrenze jährlich in Rechnung gestellt werden darf (§ 31 Abs. 5 Satz 1 MsbG). Entsprechendes gilt, wenn ein Zählpunkt von mehr als einem Anwendungsfall der Absätze 1 und 2 des § 31 MsbG erfasst wird (§ 31 Abs. 5 Satz 2 MsbG).

Die Regelung soll nach Auffassung des Gesetzgebers unter Berücksichtigung der technischen Fähigkeit des Smart-Meter-Gateways zur Einbindung mehrerer Einheiten für einen schonenden Ausgleich der Interessen des betroffenen Anschlussnutzers und des Messstellenbetreibers sorgen.[22] Faktisch führt dies dazu, dass in Gebäuden eines Anschlussnutzers mit mehreren ausstattungspflichtigen Messstellen das Entgelt für den Messstellenbetrieb nur einmal verlangt werden darf, das zudem durch die höchste jeweils anwendbare Preisobergrenze limitiert ist. Einer steuerbaren Verbrauchseinrichtung nach § 14a EnWG mit einem Jahresstromverbrauch von 60.000 kWh ließen sich daher maximal 200 EUR (§ 31 Abs. 1 Nr. 2 MsbG) und nicht 100 EUR (§ 31 Abs. 1 Nr. 5 MsbG) in Rechnung stellen.

d) Preisobergrenzen

Bereits erwähnt wurde, dass die Ausstattungsverpflichtung für die verschiedenen Verbrauchsgruppen mit unterschiedlich hohen jährlichen Entgelten für den Messstellenbetrieb begrenzt ist (§ 31 Abs. 1 und 2 MsbG). Die im Gesetz vorgesehenen Beträge gehen ansatzweise auf die bereits angesprochene Kosten-Nutzen-Analyse aus dem Jahr 2013 zurück und beziehen sich auf die Standardleistungen nach § 35 Abs. 1 MsbG, die in keinem Fall höher bepreist werden dürfen (§ 35 Abs. 1 Satz 3 MsbG). Für eventuelle Zusatzleistungen können die Messstellenbetreiber ein zusätzliches angemessenes Entgelt vorsehen (§ 35 Abs. 2 MsbG).

Schon der große zeitliche Abstand von über drei Jahren zwischen der Verabschiedung der Kosten-Nutzen-Analyse und dem späteren Gesetz ist bedenklich. Möglicherweise – die Gesetzesbegründung schweigt insoweit – hat der Gesetzgeber einen technologischen und kostenmäßigen Fortschritt unterstellt, um damit die gegenüber der Kosten-Nutzen-Analyse bereits abgesenkten Preisobergrenzen zu rechtfertigen. Dies gilt umso mehr, als die Kosten-Nutzen-Analyse von Preisgrenzen exklusive Umsatzsteuer ausging, das Gesetz jedoch nunmehr von Bruttobeträgen (inkl. Umsatzsteuer) ausgeht. Ob der Messstellenbetrieb unter den genannten Rahmenbedingungen zu den jeweils geltenden Preisobergrenzen erbracht werden kann, wird insoweit die Zukunft belegen müssen. Der Gesetzgeber hat entsprechende Schwierigkeiten wohl in Kauf genommen, weil er hierfür das Übertragungsverfahren nach §§ 41 ff. MsbG eingeführt hat, um den grundzuständigen Messstellenbetreibern zumindest den Rückzug aus einem möglicherweise unrentablen Geschäft zu ermöglichen.

---

[22] Begründung zum Regierungsentwurf, BT-Drs. 18/7555, S. 95.

e) Ausstattungsfrist

Weiteres wesentliches Merkmal der wirtschaftlichen Vertretbarkeit einer Ausstattung von Messstellen mit intelligenten Messsystemen ist die Vorgabe konkreter Fristen, innerhalb derer die grundzuständigen Messstellenbetreiber die ausstattungspflichtigen Messstellen mit intelligenten Messsystemen auszurüsten haben. Auch diese Fristen sind abhängig vom jeweiligen Verbrauchsverhalten der Anschlussnutzer. So läuft etwa für alle Messstellen an Zählpunkten mit einem Jahresstromverbrauch von über 100.000 kWh eine Frist von 16 Jahren. Für Messstellen an Zählpunkten mit einem Jahresstromverbrauch von über 10.000 bis einschließlich 20.000 kWh würden hingegen nur 8 Jahre zur Verfügung stehen.

Die längere Frist zur Ausstattung der Abnahmestellen mit einem Jahresstromverbrauch von mehr als 100.000 kWh rechtfertigt der Gesetzgeber mit der Überlegung, dass jene Anschlussnutzer bereits heute – aufgrund der zu registrierenden Lastgangmessung nach § 12 Abs. 1 StromNZV – über einen einheitlichen Datensicherheitsstandard und die technischen Grundlagen für Verbrauchsveranschaulichung, variable Tarife und höhere Bilanzkreistreue verfügen und der technologische Wechsel für diese Gruppe nicht vordringlich eingeleitet werden müsse.[23]

Bei den genannten Fristen dürfte es sich jeweils um solche im Sinne des § 187 Abs. 1 BGB handeln, wobei insoweit vor allem die technische Möglichkeit der Ausstattung mit intelligenten Messsystemen als Frist auslösendes Ereignis in Betracht kommt. Dem scheint der Wortlaut des Gesetzes zunächst zu widersprechen, weil die entsprechenden Fristläufe »ab 2017« (§ 31 Abs. 1 Nr. 1–5 MsbG) bzw. »ab 2020« (§ 31 Abs. 1 Nr. 6 MsbG) zu bemessen sind. Da zwischenzeitlich jedoch ein erheblicher Teil des Jahres 2017 abgelaufen ist, ohne dass die technische Möglichkeit einer Ausstattung durch das BSI festgestellt wurde, stellt sich insoweit die Frage, wie mit diesem Zeitverzug umzugehen ist. Nach Maßgabe des § 188 Abs. 2 BGB würde die jeweils maßgebliche Ausstattungsfrist erst mit dem Vorliegen der entsprechenden technischen Möglichkeit beginnen. Würde diese erst am Ende des Jahres 2017 oder vielleicht sogar erst im Jahr 2018 verbindlich festgestellt werden, würden sich die vom Gesetzgeber als angemessenen zu betrachtenden Ausstattungsfristen in relevanter Weise verkürzen, da ein früherer Einbau objektiv unmöglich war. Dies spricht im Ergebnis dafür, die Fristen jeweils ab dem Datum der veröffentlichten Feststellung der technischen Möglichkeit zu bemessen.[24]

---

[23] Begründung zum Regierungsentwurf, BT-Drs. 18/7555, S. 93.
[24] Ebenso: BerlKommEnR/*Franz*, § 29 MsbG Rn. 52.

f) Ausstattung von Zählpunkten mit Erzeugungsanlagen

Im Zusammenhang mit der Ausstattung von Zählpunkten bei Erzeugungsanlagen (§ 31 Abs. 2 MsbG) gelten prinzipiell dieselben Hinweise wie für Verbrauchsstellen nach § 31 Abs. 1 MsbG. Zwei Besonderheiten sind jedoch näher zu betrachten.

Erzeugungsanlagen nach dem EEG 2017 bzw. KWKG 2017 mit einer installierten Leistung ab 100 kW verfügen aufgrund gesetzlicher Vorgaben bereits über die Fähigkeit, aktuelle Einspeisewerte zu ermitteln und Maßnahmen des Einspeisemanagements durchzuführen (§ 9 Abs. 1 EEG 2017, § 3 Abs. 1 Satz 3 KWKG 2017). Daher sind diese keine für den Rollout vordringliche Gruppe, sondern können mit der bereits für Großstromverbraucher angeführten Begründung später mit dem Rollout beginnen.[25]

Hinzuweisen ist allerdings darauf, dass nach Auffassung des Gesetzgebers die Ausstattungsverpflichtung entgegen bisheriger Praxis nicht nur Neuanlagen erfasst, sondern auch Bestandsanlagen. § 36 Abs. 3 MsbG sieht eine entsprechende Duldungsverpflichtung vor.

Maßgeblich für die Eingruppierung für Erzeugungsanlagen ist die installierte Leistung. Damit ist die elektrische Wirkleistung gemeint, die eine Anlage bei bestimmungsgemäßen Betrieb ohne zeitliche Einschränkung unbeschadet kurzfristiger und geringfügiger Abweichungen technisch erbringen kann. Damit entspricht der Begriff der installierten Leistung demjenigen in § 3 Nr. 31 EEG 2014.

3. Optionale Ausstattung

Das MsbG kennt nicht nur den verpflichtenden Einbau von intelligenten Messsystemen, sondern ermöglicht es den grundzuständigen Messstellenbetreibern auch darüber hinaus, weitere Kundengruppen mit intelligenten Messsystemen auszustatten (§ 29 Abs. 2 MsbG).

Grundzuständige Messstellenbetreiber können mit diesem Ansatz Mischkalkulationen u.a. für die komplette Ausstattung von Mehrfamilienhäusern vornehmen, ohne Letztverbraucher dabei mit unzumutbaren Kosten zu belasten. Damit verknüpft sich die Hoffnung des Gesetzgebers, den Rollout im Einzelfall effizienter gestalten zu können und damit gesamtwirtschaftliche Vorteile zu generieren.

Bemerkenswert ist insoweit allerdings, dass die hierfür vorgesehenen Ausstattungsfristen (§ 31 Abs. 3 MsbG) nicht ab 2017, sondern erst ab 2020 bemessen werden. Ob ein grundzuständiger Messstellenbetreiber bereits vor diesem Datum mit der optionalen Ausstattung beginnen darf, um die erwarteten Synergieeffekte vollumfänglich nutzen zu können, ist im Gesetz nicht geregelt und auch aus der Begründung des Gesetzgebers nicht erkennbar. Praktisch ist dies

---

[25] Begründung zum Regierungsentwurf, BT-Drs. 18/7555, S. 95.

insoweit relevant, als der optionalen Einbaumöglichkeit auch erst ab dem im Gesetz vorgesehenen Zeitpunkt die korrespondierende Duldungsverpflichtung der betroffenen Anschlussnutzer nach § 36 Abs. 3 MsbG gegenübersteht.[26]

4. Netzdienlicher und marktorientierter Einsatz

Auch wenn das Messstellenbetriebsgesetz zunächst davon ausgeht, dass die Ausstattungsverpflichtung betreffend intelligenter Messsysteme beim grundzuständigen Messstellenbetreiber liegt und diesem daher auch die zeitliche Planung des Rollouts obliegt, sind Konstellationen denkbar, in denen abweichend davon zu einem früheren Zeitpunkt ein intelligentes Messsystem erforderlich ist. Vor diesem Hintergrund hat der Gesetzgeber Netzbetreibern, Direktvermarktungsunternehmern oder Anlagenbetreibern mit § 33 MsbG einen Anspruch gegen den grundzuständigen Messstellenbetreiber an die Hand gegeben, um bestimmte Leistungen und Handlungen bereits vorab zu erhalten. Vorbehaltlich der technischen Möglichkeit nach § 30 MsbG betrifft dies die Ausstattung von Messstellen mit modernen Messeinrichtungen und Smart-Meter-Gateways, die Anbindung von Erzeugungsanlagen nach dem EEG 2017 und KWKG 2017 an ein Smart-Meter-Gateway, die Steuerung dieser Anlagen über ein Smart-Meter-Gateway und, soweit technisch möglich, den Einbau und Betrieb der nach dem EEG 2017 und KWKG 2017 notwendigen Steuerungseinrichtungen (§ 33 Abs. 1 MsbG).

Hinzuweisen ist darauf, dass in diesen Fällen die Preisobergrenzen des § 31 MsbG grundsätzlich keine Anwendung finden. Stattdessen darf der grundzuständige Messstellenbetreiber ein angemessenes Entgelt als Gegenleistung verlangen (§ 33 Abs. 1 MsbG). Hierbei ist er allerdings nicht völlig frei. Das angemessene Entgelt darf insbesondere keine Kosten enthalten, die beim grundzuständigen Messstellenbetreiber in Erfüllung der Pflichten nach den §§ 29 bis 32 MsbG ohnehin anfallen würden (§ 33 Abs. 2 MsbG). Damit wird verhindert, dass es zu Doppelabrechnungen von Leistungen kommt, die ohnehin im Rahmen der Pflichtausstattungsfälle über die dort geregelten Preisobergrenzen abgegolten werden.[27]

Kostenpflichtig ist im Fall eines netz- und marktorientierten Einsatzes nicht der Anschlussnutzer, sondern derjenige Netzbetreiber, Direktvermarktungsunternehmer oder Anlagenbetreiber, in dessen Auftrag die Ausstattung erfolgt. Erfüllt der grundzuständige Messstellenbetreiber den Anspruch nach § 33 Abs. 1 MsbG, kann er sich dies auf seine Rollout-Quote anrechnen. § 33 Abs. 3 MsbG ordnet insoweit an, dass sich die Zahl der nach § 29 Abs. 1 bis 3 MsbG auszustattenden Messstellen entsprechend reduziert.

---

[26] BerlKommEnR/*Franz*, § 29 MsbG Rn. 25.
[27] BerlKommEnR/*Salevic/Zöckler*, § 33 MsbG Rn. 20.

5. Ausstattung mit modernen Messeinrichtungen

Soweit Messstellen im Einzelfall nicht in den Anwendungsbereich der Ausstattungsverpflichtung des MsbG fallen, haben grundzuständige Messstellenbetreiber diese – sofern sie sich an ortsfesten Zählpunkten bei Letztverbrauchern und Anlagenbetreibern befinden und eine Ausstattung wirtschaftlich vertretbar ist – mindestens mit modernen Messeinrichtungen auszustatten (§ 29 Abs. 3 MsbG). Die Rahmenbedingungen der wirtschaftlichen Vertretbarkeit sind – in Analogie zum Mechanismus des § 31 MsbG – vom Gesetzgeber konkret vorgegeben (§ 32 MsbG).

Die Ausstattung mit modernen Messeinrichtungen hat bis zum Jahr 2032, bei Neubauten und Gebäuden, die einer größeren Renovierung[28] unterzogen werden, bis zur Fertigstellung des Gebäudes zu erfolgen.

V. Zielvorgaben zum Ausstattungsgrad

§ 31 MsBG sieht im Rahmen der Betrachtung der wirtschaftlichen Vertretbarkeit einer Ausstattungsverpflichtung bereits vor, dass eine Ausstattung innerhalb bestimmter Zeiträume zu erfolgen hat. § 31 MsbG geht dabei jeweils davon aus, dass – bezogen auf die jeweiligen Gruppierungen – »alle Messstellen« an Zählpunkten mit intelligenten Messsystemen ausgestattet werden. Allerdings relativiert der Gesetzgeber diese Vorgabe selbst, wenn er dem grundzuständigen Messstellenbetreiber zugesteht, bereits bei einem Ausstattungsgrad von 95 % der betroffenen Messstellen den gesetzlichen Verpflichtungen nach § 31 zu genügen (§ 29 Abs. 5 Satz 1 MsbG). Dies stellt allerdings weniger ein Zugeständnis des Gesetzgebers an die grundzuständigen Messstellenbetreiber dar, sondern dokumentiert eher die Voraussicht, dass sich in der Praxis ohnehin keine 100 %-ige Erfüllungsquote realisieren lassen wird.[29]

Mit welcher Geschwindigkeit der grundzuständige Messstellenbetreiber die gesetzliche Ausstattungsquote erreicht, steht in seinem eigenen Ermessen. Das Gesetz macht hierzu keine konkreten Vorgaben. Hinzuweisen ist allerdings auf ein maßgebliches Zwischenziel, das mit erheblichen Sanktionen bewehrt ist. Ist es dem grundzuständigen Messstellenbetreiber nämlich nicht innerhalb von drei Jahren nach der Feststellung der technischen Möglichkeit bzw. drei Jahre nach Übernahme der Grundzuständigkeit gelungen, mindestens 10 % der jeweils auszustattenden Messstellen tatsächlich auszustatten, ist zwingend ein

---

[28] Begriff in Entsprechung zur Richtlinie 2010/31/EU des Europäischen Parlaments und des Rates vom 19. Mai 2010 über die Gesamtenergieeffizienz von Gebäuden (ABl. L 153 vom 18.6.2010, S. 13).
[29] Begründung zum Regierungsentwurf, BT-Drs. 18/7555, S. 90 mit Hinweis auf mögliche Realisierungshindernisse baulicher Art.

Übertragungsverfahren nach § 45 MsbG durchzuführen (§ 45 Abs. 1 Nr. 1 i. V. m. Abs. 2 MsbG). Dies ist umso bemerkenswerter, als die Verpflichtung zum vollständigen Rollout nach § 31 MsbG im Übrigen nicht sanktioniert ist. Insoweit riskiert der Gesetzgeber, dass die Messstellenbetreiber ihre Tätigkeit innerhalb der ersten drei Jahre nach Feststellung der technischen Möglichkeit auf die Erfüllung der 10 %-Schwelle des § 45 MsbG ausrichten und danach den Anreiz an einer kontinuierlichen Ausstattung von Messstellen mit intelligenten Messsystemen verlieren. Das Erreichen eines Zwischenziels ist im Ergebnis also erstaunlicherweise härter sanktioniert als die Erfüllung der Gesamtverpflichtung. Dies ist umso besorgniserregender, als die europäischen Richtlinien eine Ausstattungsquote bis zum Jahr 2022 von 80 % aller relevanten Messstellen fordern. Diese Vorgabe findet sich im MsbG nicht wieder und dürfte inzwischen wohl auch nicht mehr erreichbar sein.

VI. Informationspflichten des grundzuständigen Messstellenbetreibers

Um die Ausstattung mit intelligenten Messsystemen für potenziell betroffene Anschlussnutzer transparent zu machen, sieht das MsbG entsprechende Informationspflichten des grundzuständigen Messstellenbetreibers vor. So müssen die grundzuständigen Messstellenbetreiber spätestens sechs Monate vor dem Beginn des Rollouts Informationen über den Umfang ihrer Verpflichtungen nach § 29 MsbG, über ihre Standardleistungen nach § 35 Abs. 1 MsbG und über mögliche Zusatzleistungen im Sinne vom § 35 Abs. 2 MsbG veröffentlichen (§ 37 Abs. 1 Satz 1 MsbG). Diese Veröffentlichungen haben auch Preisblätter mit jährlichen Preisangaben für mindestens drei Jahre zu beinhalten (§ 37 Abs. 1 Satz 2 MsbG). Hinter dieser Verpflichtung steckt die Absicht des Gesetzgebers, bei dem Anschlussnutzer Aufmerksamkeit für die entsprechenden Wahlmöglichkeiten beim Messstellenbetrieb zu erzeugen. Damit soll der Wettbewerb im Messwesen weiter angefacht werden.

In der vergleichbaren Motivation hat der Gesetzgeber im § 37 Abs. 2 MsbG eine weitere, diesmal individuelle Informationsverpflichtung des grundzuständigen Messstellenbetreibers vorgesehen. Demnach sind betroffene Anschlussnutzer, Anschlussnehmer, Anlagenbetreiber und (wettbewerbliche) Messstellenbetreiber spätestens drei Monate vor der konkreten Ausstattung der Messstelle auf die Möglichkeit zur freien Wahl eines Messstellenbetreibers nach Maßgabe der §§ 5 und 6 MsbG hinzuweisen.

VII. Zusammenfassende Bewertung

Die gesetzliche Verpflichtung, innerhalb fest umrissener Fristen die ausstattungspflichtigen Messstellen auch tatsächlich mit intelligenten Messsystemen auszustatten, stellt die grundzuständigen Messstellenbetreiber vor enorme Herausforderungen. Dies gilt nicht nur im Hinblick auf die Komplexität der zu bewältigenden Aufgaben durch die Einführung neuer Geschäftsprozesse, sondern vor allem im Hinblick darauf, dass das Gesetz bereits konkrete Ergebnisse zu einem Zeitpunkt fordert, zudem es noch generell an der Zulassung der gewünschten Messtechnik fehlt. Die Praxis wird zudem erweisen, ob die vom Gesetzgeber fest vorgesehenen Preisobergrenzen für die jeweiligen Gruppen den Praxistest bestehen.[30] Auch wenn dem Gesetzgeber zugutezuhalten ist, dass er im Interesse einer möglichst preiswerten Energieversorgung entsprechend harte Grenzwerte vorgibt, so muss sich doch erst noch erweisen, dass die Erwartung, allen Beteiligten werde durch die entsprechende Höhe der Preisobergrenze Rechnung getragen, realistisch ist. Dies gilt umso mehr als eine Anpassung der Preisobergrenzen erst ab dem Jahr 2027 vorgesehen und zudem von einer derzeit noch nicht verabschiedeten Rechtsverordnung abhängig ist.[31] Der Gesetzgeber hat sich insoweit einer angemessenen und flexiblen Steuerungsmöglichkeit des Rollouts zugunsten starrer Grenzen verschlossen. Erweisen sich die Preisobergrenzen als unrealistisch, bleibt nur die gesetzgeberische Nachsteuerung. Vor diesem Hintergrund könnte sich der erst zum 30.12.2023 vorgesehene Evaluierungsbericht der Bundesnetzagentur zur Anwendung und Vorschlägen zur Anpassung des Rechtsrahmens (§ 77 Abs. 1 MsbG) als zu spät erweisen. Insoweit bleibt zu hoffen, dass die Regulierungsbehörde die Entwicklung scharf beobachtet und gegebenenfalls auch von der Befugnis Gebrauch macht, den Evaluierungsbericht bereits vor dem 30.12.2023 vorzulegen (§ 77 Abs. 2 MsbG).

---

[30] Ebenso zweifelnd: *Dinter*, ER 2015, S. 229, 234.
[31] Eine vorzeitige Anpassung dürfte – auch wenn sich dies nicht unmittelbar aus dem Wortlaut ableiten lässt – nur für den Fall einer Änderung des Umsatzsteuersatzes in Betracht kommen, vgl. Beschlussempfehlung, BT-Drs. 18/8919, S. 25.

Digitalisierung in Fernwärmesystemen

Norman Fricke

I. Vom Nutzen der Digitalisierung 53
   1. Der Strommarkt als Treiber der Digitalisierung 53
   2. Digitalisierung im Gassektor? 55
   3. Die Möglichkeiten der Digitalisierung im Fernwärmesektor 55
II. Rechtsrahmen der Digitalisierung im Fernwärmesektor 57
   1. Messrechtliche Anforderungen 57
      a) Anforderungen nach dem Messstellenbetriebsgesetz (MsbG) 57
      b) Anforderungen nach § 18 Abs. 4 AVBFernwärmeV 59
   2. Preisrechtliche Anforderungen 60
      a) Bedürfnis für innovative Preismodelle 60
      b) Zulässigkeit individueller Preise nach Fernwärmerecht 61
      c) Zulässigkeit besonderer Preismodelle nach Kartellrecht 61
   3. IT-Sicherheit 63
III. Fazit 65

I. Vom Nutzen der Digitalisierung

1. Der Strommarkt als Treiber der Digitalisierung

Die Digitalisierung der Energiewirtschaft ist in aller Munde. Vor allem im Stromsektor erhoffen sich altbekannte und noch unbekannte Akteure segensreiche Wirkungen von ihr. Denjenigen hingegen, die den Trend verschlafen oder sich der Digitalisierung gar verweigern, wird der sichere Untergang prophezeit und mit disruptiven Entwicklungen gedroht. Weniger klar umrissen ist hingegen, welche Leistungen die Digitalisierung im Stromsektor überhaupt vollbringen kann. Zunächst mag man an die Steigerung der Energieeffizienz denken: Wer nicht erst den mühsamen Gang in den Keller antreten muss, um den aktuellen Stromverbrauch zu erkennen, sondern ihn jederzeit bequem von nah und fern über einen sog. intelligenten Zähler abrufen kann, der wird möglicherweise für den Stromkonsum stärker sensibilisiert und ergreift geeignete Maßnahmen zur Energieeinsparung, so der gängige verhaltensökonomische Ansatz. Dies ist übrigens eine Strategie, die spätestens seit den Öl- und Energiekrisen der siebziger Jahre von der Politik besonders in der Versorgung von Gebäuden mit Wärme verfolgt wird[1] – so etwa mit § 3a EnEG (Ermächtigungsgrundlage der HeizkostenV), § 18 AVBFernwärmeV[2] und §§ 1 ff. HeizkostenV[3] – und nunmehr von der inzwischen fortgeschrittenen Messtechnik einen neuen Schub erhält.[4] Zweitens – und dies scheint das derzeitige Leitmotiv zu sein – erhofft man sich entscheidende Impulse zum Ausgleich von Stromangebot und -nachfrage.[5] Wurde bislang alles dafür getan, dass die Erzeugung jederzeit die Nachfrage nach Strom bedienen kann und muss, versucht man sich angesichts der volatilen Stromerzeugung aus Sonne und Wind am umgekehrten Ansatz. Der Stromverbrauch soll möglichst in Zeiten regenerativen Stromüberschusses verschoben werden: entweder mittelbar durch Preissignale, die dem Stromkunden den Weg weisen, wann er seine elektrischen Geräte am besten bedienen soll, oder unmittelbar durch gezieltes An- und Abschalten der Geräte seitens einer zentralen Instanz.[6] Unentbehrlich hierfür sind wiederum intelligente Zähler, die dem Stromkunden den aktuellen Strompreis vor Augen führen und die Geräte ansteuern können. Ob sich diese Hoffnungen erfüllen können, wird erst die Zukunft zeigen. Einstweilen sei die Prognose gewagt, dass die erwünschte Wirkung im Haushaltskundensegment bescheiden ausfallen dürfte.[7] Die bereits sprichwörtlich gewordene rumpelnde Waschmaschine kurz nach Mitternacht mag sich kein Kunde so recht wünschen; außerdem verbraucht der intelligente Zähler seinerseits Strom, und zwar 8.760 Stunden im Jahr. Drittens – und dieser Punkt wurde noch gar nicht in seiner ganzen Tragweite erfasst – deutet sich eine Verschiebung der Geschäftsmodelle an. Manch ein Akteur sagt voraus, die Zukunft der Stromversorgung liege nicht in der Bereitstellung von Strom, sondern vielmehr in der Kommerzialisierung der im Rahmen der Stromlieferung gewonnenen Daten (Big Data).[8] Wie dem auch sei: Der Digitalisierung des Stromsektors widmete der Gesetzgeber bislang seine ganze Aufmerksamkeit. Dies manifestiert sich insbesondere in der Pflicht zur Ausstattung mit intelligenten Messsystemen gem. § 29 Abs. 1 MsbG.

---

[1] *Topp* in: Stuhlmacher/Stappert/Schoon/Jansen, 2. Aufl. 2015, Kap. 34 Rn. 21.
[2] BR-Drs. 90/80, S. 50: »Pauschalabrechnungen des Fernwärmeverbrauchs sind im Interesse der Energieeinsparung grundsätzlich nicht mehr erwünscht«.
[3] BR-Drs. 632/80, S. 1: »Die Verordnung verfolgt das Ziel, den Energieverbrauch im Bereich der Gebäudeheizung weiter zu vermindern und hierdurch zugleich zur Verringerung unserer Ölabhängigkeit beizutragen«.
[4] Zu den Vorteilen der digitalen Messung des Wärmeverbrauchs das Interview mit *Zinnöcker* in ET 10/2016, 76 f.
[5] *Kübler*, ET 10/2016, 42, 42; *Lange/Möllnitz*, EnWZ 2016, 448, 448.
[6] *Kübler*, ET 10/2016, 42, 42.
[7] Instruktiv zu den beschränkten Einsatzmöglichkeiten in Haushalten *Kübler*, ET 10/2016, 42, 44.
[8] Energie & Management, Ausgabe vom 6. Juni 2017: »Geschäftsmodell Totalüberwachung«; *Kübler*, ET 10/2016, 42, 46; *Schäfer*, ET 5/2017, 15, 17: »Daten sind das Öl des 21. Jahrhunderts«.

2. Digitalisierung im Gassektor?

Ganz anders hingegen der Gassektor: Kaum wird beschrieben, welchen Nutzen die Digitalisierung für die Gaswirtschaft stiften kann; kaum sind Regelungen zu finden, die den Gassektor für die schöne neue Welt fit machen sollen. Allein § 20 Abs. 1 MsbG bestimmt, dass neu eingebaute Gaszähler an Smart-Meter-Gateways angebunden werden sollen. Ein Novum ist dies nicht, denn bereits § 21f EnWG a. F. bestimmte Vergleichbares.[9] Dies veranlasste manch aufmerksamen Beobachter der gesetzlichen Entwicklung zu der Frage: »Wer hat an Gas gedacht?«[10]

3. Die Möglichkeiten der Digitalisierung im Fernwärmesektor

Wiederum anders verhält es sich schließlich mit der Fernwärme. Im Gegensatz zur Stromversorgung ist die reibungslose Bereitstellung von Wärme nicht davon abhängig, dass sich Wärmebedarf und Wärmeerzeugung im Bruchteil einer jeden Sekunde ausgleichen. Dies liegt an der hervorragenden Wärmespeicherfähigkeit des Wärmeträgers. In der Fernwärmeversorgung nämlich wird als Wärmeträger in aller Regel Heizwasser oder – mit stark abnehmender Tendenz – Dampf eingesetzt.[11] Wasser hat eine hohe spezifische Wärmekapazität: Sie beträgt bei 20 °C etwa 4,2 kJ/kgK; im Vergleich dazu hat die Luft eine Wärmekapazität von nur etwa 1 kJ/kgK.[12] Dies erlaubt eine vorübergehende zeitliche Entkopplung von Erzeugung und Verbrauch. Klassischer Anwendungsfall ist der Heizwasser-Pufferspeicher in der Hausanlagentechnik. Als Warmwasserreservoir dämpft er die Verbrauchsspitzen, wie sie etwa beim Duschen oder Baden auftreten. Auch im großtechnischen Maßstab gelangt der Warmwasserspeicher zu neuer Blüte, nämlich als sog. Wärmespeicher. Wärmespeicher können die gleichzeitige Erzeugung von Strom und Wärme im KWK-Prozess optimieren, wenn die Stromnachfrage nicht deckungsgleich mit der Wärmenachfrage ist.[13] Die bei der Stromerzeugung anfallende überschüssige Wärme kann im Wärmespeicher zwischengeladen werden, bis sie zur Deckung des Wärmebedarfs benötigt wird. So können KWK-Anlagen auch dann Strom erzeugen, wenn die Stromnachfrage kurzfristig hoch, die Wärmenachfrage aber kurzfristig geringer ist. Folgerichtig werden Wärmespeicher gem. § 22 KWKG gefördert. Ebenso erlauben Wärmespeicher die optimale Einbindung von regenerativem Überschussstrom in die Wärmeversorgung im sog. Power-to-Heat-Prozess, also der Umwandlung von Strom in Wärme durch Elektrodenheizer oder

---

[9] *Couval/Ahnis*, IR 2016, 270, 271.
[10] *Couval/Ahnis*, IR 2016, 270, 270.
[11] AGFW, Technisches Handbuch Fernwärme, 3. Aufl. 2013, S. 402.
[12] AGFW, Technisches Handbuch Fernwärme, 3. Aufl. 2013, S. 133 f.
[13] *Topp* in: Stuhlmacher/Stappert/Schoon/Jansen, 2. Aufl. 2015, Kap. 34 Rn. 35 f.

Großwärmepumpen.[14] Die derzeitigen Rahmenbedingungen, insbesondere der Anfall von Netznutzungsentgelten, EEG-Umlage und Stromsteuern,[15] tragen dem noch nicht hinreichend Rechnung, obwohl Power-to-Heat Netzengpässe beseitigen kann. Auf diesen Grundlagen aufbauend wird derzeit geforscht (»Die Stadt als Speicher«), inwieweit Fernwärmesysteme als Potenzial zur Verschiebung des regenerativen Überschussstroms genutzt werden können; die Digitalisierung leistet hierfür einen entscheidenden Beitrag.[16]

Zweitens ist der Fernwärmesektor weitaus stärker von einer Verschränkung der Komponenten des Fernwärmesystems geprägt als der Stromsektor. So beeinflussen sich Erzeugungs-, Verteilungsanlagen und Hausstationen wechselseitig und sind in ihrer technischen Konfiguration eng aufeinander abzustimmen.[17] Man spricht deshalb von der technischen Einheit des Fernwärmesystems.[18] Dies ist durch die Art des Wärmetransports mit Hilfe der Wärmeträger Heizwasser oder Dampf bedingt. So hängt die Wärmetransportfähigkeit erstens von der Temperaturdifferenz zwischen Vor- und Rücklauf ab, wobei die Vorlauftemperatur von der Art der Erzeugungsanlagen und die Rücklauftemperatur von der Art der Hausstationen beeinflusst wird; zweitens von der Strömungsgeschwindigkeit, die durch die hydraulischen Druckverhältnisse im Fernwärmesystemen bestimmt wird und drittens vom Rohrinnendurchmesser, der sich aus der Größe der Wärmeleitungen ergibt.[19] Vor diesem Hintergrund können Art, Anzahl und Standort der Erzeugungsanlagen nicht beliebig gewählt werden. Folgerichtig lehnen Bundesregierung und Bundeskartellamt die Entflechtung der Fernwärmesysteme ab, weil sie keinen Nutzen, jedoch nur zusätzlichen Aufwand bringt.[20]

Angesicht dieser technischen Gegebenheiten stellen sich die Rahmenbedingungen für die Digitalisierung der Fernwärmewirtschaft ganz anders dar als im Stromsektor. Ihr Nutzen liegt vor allem in der Steigerung der Energieeffizienz.[21] Das ist freilich die klassische, mitunter in der schnelllebigen Energie-

---

[14] Vertiefend zur Power-to-Heat-Technologie *Kühne*, EuroHeat&Power 6/2014, 40 ff; ferner *Behm*, ZUR 598, 599; *Topp* in: Stuhlmacher/Stappert/Schoon/Jansen, 2. Aufl. 2015, Kap. 34 Rn. 33 f.
[15] Vertiefend zu den Rechtsgrundlagen der Kostenbelastungen *Altrock/Thomas/Vollprecht*, EnWZ 2016, 106 ff.; ferner *Kühne*, EuroHeat&Power 6/2014, 40, 43.
[16] *Großjohann*, EuroHeat&Power 9/2016, S. 24 ff.
[17] *Fricke* in: Hempel/Franke, 116. EL – Mai 2014, Einführung AVBFernwärmeV Rn. 72; *Topp* in: Stuhlmacher/Stappert/Schoon/Jansen, 2. Aufl. 2015, Kap. 34 Rn. 30.
[18] *Fricke* in: Hempel/Franke, 116. EL – Mai 2014, Einführung AVBFernwärmeV Rn. 72; *Topp* in: Stuhlmacher/Stappert/Schoon/Jansen, 2. Aufl. 2015, Kap. 34 Rn. 30.
[19] AGFW, Technisches Handbuch Fernwärme, 3. Aufl. 2013, S. 140 f.; *Fricke* in: Hempel/Franke, 116. EL – Mai 2014, Einführung AVBFernwärmeV Rn. 73; *Topp* in: Stuhlmacher/Stappert/Schoon/Jansen, 2. Aufl. 2015, Kap. 34 Rn. 30.
[20] BT-Drs. 17/13675, S. XI, BT-Drs. 18/12760, S. 116; *Topp* in: Stuhlmacher/Stappert/Schoon/Jansen, 2. Aufl. 2015, Kap. 34 Rn. 7.
[21] *Wiese*, EuroHeat&Power 4/2017, 40, 41.

politik unterschätzte Kernkompetenz der Fernwärme.[22] Es ist zu erwarten, dass die Fahrweise des Fernwärmesystems, die derzeit noch von einer Reaktion auf das Anfordern der Wärme von den Kunden (Aufdrehen des Heizkörperventils, Öffnen des Wasserhahns) geprägt ist, zukünftig durch eine zentrale Steuerung optimiert werden kann. So kann eine zentrale Steuerung die ungünstige Bedienung der Hausstation seitens der Kunden, etwa wenn diese unnötig starke Spitzenlast anfordern, vermeiden. Dadurch kann die Spitzenlast reduziert und die Kapazitätsauslastung der Erzeugungsanlagen optimiert werden. Außerdem können durch eine zentrale Pumpensteuerung hydraulische Schlechtpunkte vermieden werden. Bindeglied für all diese Maßnahmen ist die Hausstation, die mit digitalen Steuerungselementen ausgerüstet wird.[23] Auf diese Weise kann der Wärmeverbrauch des Gebäudes stetig erfasst und die Fahrweise des Fernwärmesystems vorausschauend an das Nutzerverhalten angepasst werden und umgekehrt.

Ob und wie sich diese neuen technologischen Entwicklungen in der Praxis durchsetzen werden, ist nicht leicht abzuschätzen. Die praktische Umsetzung steht derzeit erst am Anfang. Denkbar ist etwa, dass durch speziell zugeschnittene Fernwärmepreise finanzielle Anreize für die Kunden zur Nutzung der digital gesteuerten Fernwärmesysteme gesetzt werden. Vor diesem Hintergrund hat sich die rechtliche Bewertung dieses Themas auf die Skizzierung einiger rechtlicher Rahmenbedingungen zu beschränken. Im Vordergrund stehen hierbei die messrechtlichen Aspekte und die Gestaltungsmöglichkeiten für innovative Preismodelle. Abgerundet werden sollen die Ausführungen durch einen Exkurs auf die Anforderungen an die IT-Sicherheit von Fernwärmesystemen.

II. Rechtsrahmen der Digitalisierung im Fernwärmesektor

1. Messrechtliche Anforderungen

a) Anforderungen nach dem Messstellenbetriebsgesetz (MsbG)

Das MsbG ist Dreh- und Angelpunkt für die Digitalisierung des Stromsektors; darüber hinaus im eingeschränkten Maße für die Digitalisierung im Gassektor. Für die Fernwärme ist das Gesetz hingegen nur von untergeordneter Bedeutung. Sie beschränkt sich auf die Regelung zur Auswahl des Messstellenbetreibers nach § 6 MsbG. Dies liegt zunächst daran, dass das Gesetz im Grundsatz nur für den Strom- und Gassektor gilt. Dies verdeutlicht § 1 Abs. 1 Nr. 1 MsbG. Danach ordnet das Gesetz an, dass Messstellen der leitungsgebundenen Ener-

---

[22] Zur Geschichte der Fernwärme *Topp* in: Stuhlmacher/Stappert/Schoon/Jansen, 2. Aufl. 2015, Kap. 34 Rn. 1 ff.
[23] *Wiese*, EuroHeat&Power 4/2017, 40, 41.

gieversorgung mit modernen Messeinrichtungen und intelligenten Messsystemen auszurüsten sind. Mit der leitungsgebundenen Energieversorgung ist nach dem klassischen Verständnis des § 1 Abs. 1 EnWG ausschließlich die leitungsgebundene Versorgung mit Strom und Gas gemeint; der Fernwärmesektor wird deshalb nicht durch das EnWG geregelt.[24] Dies wird bestätigt durch die historische Entwicklung des MsbG. So waren die Vorgängerregelungen des MsbG vormals im EnWG integriert, und zwar in §§ 21b bis 21f EnWG a. F. Die dort getroffenen Regelungen zum Messstellenbetrieb löste der Gesetzgeber aus dem EnWG heraus, um es zu modernisieren und Unklarheiten in der Verteilung der Aufgaben zwischen parlamentarischem Gesetzgeber und dem exekutiven Verordnungsgeber zu beseitigen.[25] Gleichwohl verdeutlicht die Gesetzesbegründung, dass das Gesetz die »Spartenbündelung im Sinne einer gleichzeitigen Ablesung« unter Einbeziehung der Sparten Heizwärme und Fernwärme ermöglichen solle.[26] Dies führt aber keineswegs zu einer vollständigen Anwendung des Gesetzes auf den Fernwärmesektor. Betroffen sind ausschließlich solche Regelungen, die ausdrücklich die Fernwärme ansprechen. Dies betrifft die singuläre Regelung des § 6 MsbG.

Nach § 6 Abs. 1 MsbG genießt der Anschlussnehmer unter bestimmten Voraussetzungen das Recht, den Messstellenbetreiber auszuwählen. Eine dieser Voraussetzungen ist, dass der Messstellenbetreiber ein Bündelangebot für die Messung des Stroms über ein Smart-Meter-Gateway in Kombination mit der Messung von Gas, Fernwärme oder Heizwärme unterbreitet (§ 6 Abs. 1 Nr. 2 MsbG). Übt der Anschlussnehmer dieses Auswahlrecht aus, enden anderweitige Verträge zum Betrieb der Messstelle gem. § 6 Abs. 2 MsbG kraft Gesetzes, und zwar entschädigungslos nach der Hälfte der Laufzeit, frühestens aber nach fünf Jahren. Davon verspricht sich der Gesetzgeber Synergieeffekte und Impulse für den freiwilligen Einbau intelligenter Messsysteme.[27]

Gleichwohl wirft diese Regelung einige Fragen auf. Zunächst ist unklar, was der Gesetzgeber mit dem Begriff »Heizwärme« meint, insbesondere im Zusammenhang mit dem bereits etablierten Begriff »Fernwärme«. Der Rechtsbegriff Fernwärme ist weit und erfasst grundsätzlich alle Arten der gewerblichen Wärmelieferung ohne Rücksicht auf Größe, Art und Standort der Wärmeerzeugungsanlagen.[28] Die Gesetzesbegründung bleibt zur Ermittlung des Begriffsverständnisses weiterführende Hinweise schuldig, zumal es sich beim Begriff

---

[24] BT-Drs. 15/3917, S. 47; *Ahlbrinck/Schomerus*, ER 2017, 143, 149; *Fricke* in: Hempel/Franke, 116. EL – Mai 2014, Einführung AVBFernwärmeV Rn. 40; *Topp* in: Stuhlmacher/Stappert/Schoon/Jansen, 2. Aufl. 2015, Kap. 34 Rn. 6.

[25] BT-Drs. 18/7555, S. 72.

[26] BT-Drs. 18/7555, S. 72.

[27] BT-Drs. 18/7555, S. 77.

[28] BGH, RdE 2012, 104, 105; *Fricke* in: Hempel/Franke, 116. EL – Mai 2014, § 1 AVBFernwärmeV Rn. 4; *Topp*, RdE 2009, 133 ff.; *Witzel/Topp*, 2. Aufl. 1997, AVBFernwärmeV, S. 45; *Wollschläger* in: Danner/Theobald, 68. EL – November 2010, § 1 AVBFernwärmeV Rn. 6.

»Heizwärme« um eine Neuschöpfung handelt, die – soweit ersichtlich – bislang in kein weiteres Gesetz eingegangen ist. Möglicherweise meint der Gesetzgeber das Wärme-Contracting und bemüht sich um einen Ersatz dieses Lehnworts. Allerdings hätte sich hierfür der Begriff »Wärmelieferung« angeboten, wie er insbesondere in § 556c BGB verwendet wird. Einmal mehr zeigt sich, wie der Gesetzgeber durch unklare Begriffe und voreilige Wortschöpfungen für Verwirrung sorgt. Dies ist freilich bereits beklagtes Zeichen der Zeit[29] und im Wärmesektor nichts Neues.[30] Angesichts des erklärten Motivs, die Ablesung zu erleichtern, ist davon auszugehen, dass mit den Begriffen Heizwärme und Fernwärme all diejenigen Wärmelieferungen gemeint sind, die gem. § 18 Abs. 1 AVBFernwärmeV grundsätzlich durch Wärmemengenzähler zu messen sind. Dazu gehören die klassische Fernwärme und das Wärme-Contracting in jeder Spielart.

Zweitens ist das Verhältnis zwischen § 6 MsbG und § 18 Abs. 4 S. 3 AVBFernwärmeV zu beleuchten. So ist nach letzterer Vorschrift ausschließlich das Fernwärmeversorgungsunternehmen für die Lieferung, Anbringung, Überwachung, Unterhaltung und Entfernung der Messeinrichtungen zuständig. Hingegen geht § 2 S. 1 Nr. 12 MsbG davon aus, dass Messstellenbetreiber jeder ist, der entweder grundzuständiger Messstellenbetreiber kraft der gesetzlichen Zuweisung des § 2 S. 1 Nr. 4 MsbG ist oder diese Aufgabe durch Vertrag übernimmt. Die Zuweisung der Verantwortung des Fernwärmeversorgungsunternehmens für die Messung ist ein spezielles Gesetz und geht daher den Regelungen des MsbG vor. Ein Bündelangebot für die gemeinsame Ablesung von Strom und Fernwärme über ein Smart-Meter-Gateway ist deshalb nur dann denkbar, wenn der Messstellenbetreiber im Sinne des § 2 S. 1 Nr. 4 MsbG zugleich Fernwärmeversorgungsunternehmen ist.

b) Anforderungen nach § 18 Abs. 4 AVBFernwärmeV

Nach § 18 Abs. 4 AVBFernwärmeV ist das Fernwärmeversorgungsunternehmen für die Messung der bereitgestellten Wärme verantwortlich.[31] Es hat die ordnungsgemäße Messung der Wärme nach § 18 Abs. 1 AVBFernwärmeV zu gewährleisten (§ 18 Abs. 4 S. 1 AVBFernwärmeV), und zwar im Regelfall durch Wärmemengenzähler.[32] Zu diesem Zweck hat es die Art, Zahl, Größe und den Ort der Messeinrichtungen auszuwählen (§ 18 Abs. 1 S. 2 AVBFernwärmeV). Diese Bestimmungen sind – sofern die AVBFernwärmeV gem. § 1 Abs. 1 AVBFernwärmeV gilt – zwingendes Recht, wie der Umkehrschluss aus § 1 Abs. 3 S. 3

---

[29] Eindrücklich *Danner*, EnWZ 2012, 66 ff. zu den Gefahren oberflächlicher, unpräziser und missverständlicher Sprache in der energiepolitischen Gesetzgebung.
[30] *Fricke* in: Hempel/Franke, 116. EL – Mai 2014, § 1 AVBFernwärmeV Rn. 14 am Beispiel der Begriffe Fernwärme, Nahwärme und Wärme-Contracting.
[31] *Witzel/Topp*, 2. Aufl. 1997, AVBFernwärmeV, S. 159.
[32] *Witzel/Topp*, 2. Aufl. 1997, AVBFernwärmeV, S. 155.

AVBFernwärmeV verdeutlicht.[33] Dies hat seine Berechtigung angesichts der oben beschriebenen technischen Einheit des Fernwärmesystems. In den Worten des MsbG ist damit das Fernwärmeversorgungsunternehmen Messstellenbetreiber. Folgerichtig ist das Fernwärmeversorgungsunternehmen Treiber der Digitalisierung im Fernwärmesektor.

2. Preisrechtliche Anforderungen

a) Bedürfnis für innovative Preismodelle

Fernwärmeversorgungsunternehmen bieten herkömmlich Wärme auf Grundlage eines einheitlichen Preissystems an. Dieses einheitliche Preissystem gliedert sich in dieselben Preisbestandteile (z. B. Arbeitspreis, Grund- oder Leistungspreis), wobei die Höhe dieser Preisbestandteile entweder für alle Kunden gleich ist oder nach Abnahmemenge differenziert wird (z. B. Staffel-/Zonenpreise).[34] Gegebenenfalls handelt das Fernwärmeversorgungsunternehmen mit Großkunden individuelle Preise aus, etwa mit Unternehmen der Wohnungswirtschaft.

Neben diesem klassischen Vorgehen gibt es das Bedürfnis, die Preise innerhalb ein und desselben Fernwärmesystems nach anderen Gesichtspunkten zu strukturieren, z. B. besondere Preise für kohlenstofffreie oder kohlenstoffarme Wärme anzubieten. Besondere Preismodelle sind auch vor dem Hintergrund der Digitalisierung denkbar. So könnte etwa ein Fernwärmeversorgungsunternehmen besondere Preise in solchen Quartieren anbieten, die bereits digitalisiert worden sind. Honoriert werden könnte beispielsweise der Beitrag des Kunden zur Steigerung der Energieeffizienz im Fernwärmesystem durch die Gewährung von Rabatten. Klassisches Beispiel ist ein Bonus, wenn der Kunde eine bestimmte Rücklauftemperatur unterschreitet. Dies beruht auf der Überlegung, dass nach thermodynamischen Gesetzen die Brennstoffe in der Erzeugungsanlage umso effizienter genutzt werden können, desto geringer die Temperatur des Wärmeträgers ist, der von den Kunden zurück zur Erzeugungsanlage transportiert wird.

Solchermaßen differenzierte Preismodelle werfen die Frage auf, ob sie vertrags- und kartellrechtlich zulässig sind. Wie die nachfolgenden Ausführungen zeigen werden, steht dem nichts im Wege.

---

[33] *Fricke* in: Hempel/Franke, 116. EL – Mai 2014, § 1 AVBFernwärmeV Rn. 85.
[34] *Fricke* in: Hempel/Franke, 116. EL – Mai 2014, § 24 AVBFernwärmeV Rn. 64.

b) Zulässigkeit individueller Preise nach Fernwärmerecht

Nach dem Fernwärmerecht ist die Vereinbarung individueller Preise ohne weiteres zulässig.[35] Im Rahmen der Vertragsfreiheit können die Preise beliebig vereinbart werden,[36] sofern das Preissystem einen verbrauchsabhängigen Preisbestandteil enthält. Letzteres ergibt sich aus dem in §§ 18 Abs. 1, 24 Abs. 1 AVBFernwärmeV zum Ausdruck kommenden Grundsatz, dass Preise verbrauchsabhängig abzurechnen sind;[37] Ausnahmen sind unter den Voraussetzungen des § 18 Abs. 2 und 3 AVBFernwärmeV zulässig.

Die Vereinbarung individueller Preise hat keine Auswirkung auf die Geltung der AVBFernwärmeV.[38] Diese gilt gem. § 1 Abs. 1 AVBFernwärmeV kraft Gesetzes immer dann, wenn dem Fernwärmevertrag Allgemeine Versorgungsbedingungen zu Grunde liegen. Deshalb führt die Vereinbarung individueller Preise nicht dazu, dass die AVBFernwärmeV nicht gilt, wenn in den Vertrag Allgemeine Versorgungsbedingungen einbezogen worden sind; geschweige denn verbietet die Verordnung die Vereinbarung individueller Preise. Umgekehrt führt die Vereinbarung standardisierter Preise nicht dazu, dass die AVBFernwärmeV gilt, wenn im Übrigen die Konditionen des Vertrags individuell verhandelt worden sind. Im Übrigen gibt es im Fernwärmesektor keine Pflicht zur Grundversorgung, wie es für den Strom- und Gassektor gem. § 36 EnWG der Fall ist.[39] Folgerichtig gibt es keine Pflicht zur Vereinbarung allgemeiner Preise.

c) Zulässigkeit besonderer Preismodelle nach Kartellrecht

Aus § 19 Abs. 1 und Abs. 2 Nr. 1 GWB wird das sog. kartellrechtliche Diskriminierungsverbot hergeleitet. Danach darf ein marktbeherrschendes Unternehmen seine Kunden nicht ohne sachlichen Grund unterschiedlich behandeln. Dies gilt dem Grunde nach auch für Preise. Deshalb ist es marktbeherrschenden Unternehmen verboten, ihre Preise zu differenzieren, wenn es dafür keinen sachlichen Grund gibt.

Die Geltung des kartellrechtlichen Gleichbehandlungsgebots setzt zunächst voraus, dass Fernwärmeversorgungsunternehmen über eine marktbeherrschende Stellung verfügen, die sie missbrauchen könnten (§ 18 GWB). Zwar geht die kartellrechtliche Praxis von einer marktbeherrschenden Stellung der Fernwär-

---

[35] *Fricke* in: Hempel/Franke, 116. EL – Mai 2014, § 24 AVBFernwärmeV Rn. 57.
[36] *Fricke* in: Hempel/Franke, 116. EL – Mai 2014, § 24 AVBFernwärmeV Rn. 56.
[37] *Fricke* in: Hempel/Franke, 116. EL – Mai 2014, § 24 AVBFernwärmeV Rn. 67.
[38] *Fricke* in: Hempel/Franke, 116. EL – Mai 2014, § 1 AVBFernwärmeV Rn. 3; *Fricke*, ER 2013, 170, 171.
[39] *Ahlbrinck/Schomerus*, ER 2017, 143, 149; *Fricke* in: Hempel/Franke, 116. EL – Mai 2014, Einführung AVBFernwärmeV Rn. 41; *Topp* in: Stuhlmacher/Stappert/Schoon/Jansen, 2. Aufl. 2015, Kap. 34 Rn. 8.

me aus;⁴⁰ jedoch trifft diese pauschale Annahme nicht zu. Auch wenn ein Fernwärmekunde nicht zwischen verschiedenen Fernwärmeanbietern auswählen kann, hat sich ein Fernwärmeversorgungsunternehmen im Wettbewerb der Heizsysteme zu bewähren, der angesichts einer Vielzahl von Akteuren und eines wegen sinkender Wärmenachfrage stetig kleiner werdenden Marktes kaum schärfer sein könnte.⁴¹ Vor diesem Hintergrund wird die Praxis der Kartellbehörden zu Recht hinterfragt. Den disziplinierenden Effekt des Wettbewerbs erkennt auch das BKartA indirekt an. In den Verpflichtungszusagen, die es auf Grundlage des § 32b GWB mit verschiedenen Fernwärmeversorgungsunternehmen geschlossen hat, wurde die Frage, ob Fernwärmeversorgungsunternehmen tatsächlich über eine marktbeherrschende Stellung verfügen, angesichts der komplexen Sachlage explizit offengelassen.⁴²

Unabhängig von der Frage der Marktbeherrschung sind Preisdifferenzierungen jedenfalls dann zulässig, wenn es dafür einen sachlichen Grund gibt.⁴³ Ein sachlicher Grund liegt zunächst dann vor, wenn ein und dasselbe Fernwärmeversorgungsunternehmen seine Preise nach Fernwärmesystemen differenziert, die nicht hydraulisch oder nicht einmal thermodynamisch miteinander verbunden sind. Dies beruht auf den oben genannten Grundsätzen der technischen Einheit eines Fernwärmesystems, bei der Erzeugung, Verteilung und Kundenanlage eng aufeinander abgestimmt sind. Deshalb gleicht kein Fernwärmesystem dem anderen. Folglich ist die Kostenstruktur in jedem Fernwärmesystem unterschiedlich. Dies rechtfertigt unterschiedliche Preismodelle in unterschiedlichen Fernwärmesystemen.⁴⁴ Gleiches gilt für den technischen Aspekt der Digitalisierung: Ist ein Fernwärmesystem bereits mit digitalen Komponenten der Steuerungs- und Messtechnik ausgestattet, rechtfertigt dies ein besonderes Preismodell.

Ein zweiter sachlicher Grund ist die Differenzierung nach Abnahmeverhalten.⁴⁵ Schulbeispiel ist die Differenzierung nach Mengen, die branchenübergreifend verbreitet ist: Je mehr ein Kunde von einer Ware abnimmt, desto günstiger ist der Preis.⁴⁶ In Weiterentwicklung dieses Prinzips ist es auch denkbar, dass die Preisdifferenzierung an energieeffizientes Abnahmeverhalten anknüpft: Be-

---

⁴⁰ BKartA, Abschlussbericht Sektoruntersuchung Fernwärme, 2012, Rn. 190.
⁴¹ Vertiefend AGFW, Fernwärme-Preisgleitklauseln, 2015, S. 62 ff.; ferner *Büdenbender*, Die kartellrechtliche Kontrolle der Fernwärmepreise, 2011, S. 9 ff.; *Fricke* in: Hempel/Franke, 116. EL – Mai 2014, Einführung AVBFernwärmeV Rn. 9; *Topp* in: Stuhlmacher/Stappert/Schoon/Jansen, 2. Aufl. 2015, Kap. 34 Rn. 45.
⁴² BKartA, Beschl. v. 15.10.2015, B8 – 34/13, Rn. 9 – Stadtwerke Leipzig.
⁴³ BGH, NJW 1996, 2656, 2658; *Bechtold*, 7. Aufl. 2013, § 19 GWB Rn. 50.
⁴⁴ AGFW, Fernwärme-Preisgleitklauseln, 2015, S. 78; *Fricke* in: Hempel/Franke, 116. EL – Mai 2014, § 4 AVBFernwärmeV Rn. 26; *Witzel/Topp*, 2. Aufl. 1997, AVBFernwärmeV, S. 77.
⁴⁵ AGFW, Fernwärme-Preisgleitklauseln, 2015, S. 77; *Fricke* in: Hempel/Franke, 116. EL – Mai 2014, § 4 AVBFernwärmeV Rn. 26; *Witzel/Topp*, 2. Aufl. 1997, AVBFernwärmeV, S. 77.
⁴⁶ BGH, NJW 1976, 710, 711; BGH, NZKart 2013, 462, 462.

günstigt ein Preissystem systemdienliches Verhalten des Kunden, etwa, indem er Wärme zu einem bestimmten Zeitpunkt mit einer bestimmten Menge so abnimmt, dass es die Effizienz des Fernwärmesystems verbessert, beruht das Preissystem auf einem sachlichen Grund.

Ein dritter sachlicher Grund ist die Preisdifferenzierung nach der energetischen Qualität der Fernwärme. Der bereitgestellte Wärmeträger ist – wie es auf den ersten Blick scheinen mag – kein homogenes Produkt.[47] Ihr wirtschaftlicher Wert hängt vielmehr entscheidend davon ab, auf welche Weise die Wärme hergestellt wird, z.B. durch erneuerbare Energien, durch Einbindung von Abwärme und/oder durch Erzeugung im effizienten KWK-Prozess.[48] So hängt von der energetischen Qualität zum einen die Erfüllung ordnungsrechtlicher Pflichten nach EEWärmeG und EnEV ab. Kann etwa der Bauherr Fernwärme unter den Voraussetzungen des § 7 Abs. 1 Nr. 3 EEWärmeG als Ersatzmaßnahme nutzen, wird er von der Nutzung anderer kostspieliger Technologien befreit. Zum anderen erlaubt Fernwärme mit hoher energetischer Qualität dem Bauherrn die Inanspruchnahme bestimmter Vergünstigungen (z.B. KfW-Förderprogramme). Vor diesem Hintergrund ist es gerechtfertigt, mit Hilfe der Digitalisierung besonders effizient bereitgestellte Wärme zu besonderen Preisen anzubieten.

3. IT-Sicherheit

Dass die IT-Sicherheit von Infrastrukturen jeder Art ein äußerst wichtiges Gut ist, haben die jüngsten Hackerangriffe verdeutlicht. Vor diesem Hintergrund will der Gesetzgeber Infrastrukturen, die für das Funktionieren einer modernen Gesellschaft unentbehrlich sind, durch bestimmte Anforderungen an die IT-Sicherheit schützen. Zu diesen sog. kritischen Infrastrukturen gehören insbesondere der Strom- und Gassektor, auf die die Sonderregelung des § 11 Abs. 1a und 1b EnWG zugeschnitten ist. Der Fernwärmesektor ist von dieser Regelung indes nicht erfasst, da das EnWG ausschließlich für die leitungsgebundene Strom- und Gasversorgung gilt (§ 1 Abs. 1 EnWG). Der Fernwärmesektor ist darum allenfalls den allgemeinen Regelungen nach den §§ 8a ff. BSIG unterworfen. Nach diesen Bestimmungen müssen Betreiber kritischer Infrastrukturen bestimmte organisatorische und technische Vorkehrungen zur Vermeidung von Störungen der IT treffen (§ 8a Abs. 1 BSIG) und bestimmten branchenspezifischen Sicherheitsstandards gehorchen (§ 8a Abs. 2 BSIG).

Fraglich ist allerdings, ob und inwieweit der Fernwärmesektor von diesen Regelungen betroffen ist. Dies hängt davon ab, ob Fernwärme zu den kritischen Infrastrukturen nach § 2 Abs. 10 S. 1 BSIG gehört. Diese Legaldefinition enthält

---

[47] *Topp* in: Stuhlmacher/Stappert/Schoon/Jansen, 2. Aufl. 2015, Kap. 34 Rn. 47.
[48] *Topp* in: Stuhlmacher/Stappert/Schoon/Jansen, 2. Aufl. 2015, Kap. 34 Rn. 48.

einen Katalog bestimmter Sektoren, die als kritische Infrastruktur genannt werden, insbesondere den Energiesektor. Der Fernwärmesektor indes wird weder im Gesetzestext explizit erwähnt noch bedenkt ihn die Gesetzesbegründung eigens. Legt man dem Begriff »Energie« das klassische energierechtliche Verständnis zu Grunde, ist Fernwärme keine kritische Infrastruktur.[49] Denn unter Energie wird gem. § 1 Abs. 1 EnWG die leitungsgebundene Versorgung mit Strom und Gas verstanden. Für ein weites Verständnis des Begriffs Energie spricht indes, dass die Gesetzesbegründung ausdrücklich die Mineralölwirtschaft anspricht,[50] einen Sektor also, der gerade nicht vom EnWG erfasst wird.

Darüber hinaus wurde auf Grundlage der §§ 2 Abs. 10 S. 2 und 10 Abs. 1 BSIG eine Rechtsverordnung erlassen, die die vom BSIG erfassten kritischen Infrastrukturen konkretisiert. Nach § 2 Abs. 5 BSI-KritisV in Verbindung mit Anhang 1 Teil 3 Spalte D der Verordnung sind Fernwärmeversorgungsunternehmen genannt, die eine Wärmemenge von mehr als 2.300 GWh pro Jahr erzeugen oder mehr als 250.000 Haushalte versorgen. Diese Schwellenwerte sind so hoch, dass bundesweit nur eine Hand voll von Fernwärmesystemen betroffen ist. Auch wenn eine solche Konkretisierung für die Praxis zunächst Klarheit darüber bringt, für welche Fernwärmeversorgungsunternehmen die Regelungen des BSIG gelten, bleibt die Frage unbeantwortet, ob diese Regelung mit der Ermächtigungsgrundlage der §§ 2 Abs. 10 S. 2 und 10 Abs. 1 BSIG vereinbar ist. Dies hängt nach dem oben Gesagten davon ab, ob Fernwärme dem Begriff der kritischen Infrastruktur nach § 2 Abs. 10 S. 1 BSIG unterfällt.

Abgesehen von dieser rechtstheoretischen Frage ist die Schutzbedürftigkeit von Fernwärmesystemen vergleichsweise gering. Anfällig für Störungen sind allenfalls die Erzeugungsanlagen samt den Leitwarten. Große Fernwärmesysteme werden in aller Regel durch Heizkraftwerke gespeist, also durch Erzeugungsanlagen, die im sog. KWK-Prozess gleichzeitig Strom und Wärme erzeugen. Diese KWK-Anlagen werden bereits durch die Erfüllung der Anforderungen des § 11 Abs. 1a EnWG an die Stromerzeugung mitgeschützt. Die Transportleitungen von Fernwärmesystemen hingegen sind kaum störanfällig. Dies liegt wiederum an ihrer Eigenart als hydraulische Systeme. So kann der Wärmeträger durch seine Eigendynamik noch eine Zeit lang zirkulieren, auch wenn die Pumpen ausgefallen sind. Außerdem kühlt der Wärmeträger wegen der hohen spezifischen Wärmekapazität des Wassers nur langsam aus. Zudem entwickelt die Fernwärmebranche derzeit Standards, die gewährleisten, dass die Wärmenetze manuell gesteuert werden können und auf diese Weise von einer IT-gestützten Steuerung unabhängig sind. Deshalb ist die Versorgung mit Wärme für eine gewisse Zeit auch noch dann gewährleistet, wenn die Stromversorgung wegen Hackerangriffen bereits zusammengebrochen ist.

---

[49] *Thomale*, VersorgW 2015, 301, 302.
[50] BT-Drs. 18/4096, S. 31.

III. Fazit

Das Potenzial der Digitalisierung der Fernwärme liegt in einer zentralen Steuerung des Fernwärmesystems zur Verbesserung der Energieeffizienz vermittelt über intelligente Hausstationen. Ob sich diese technische Neuerung im Wärmemarkt durchsetzen kann, wird die Zukunft zeigen. Beflügelt werden könnte ihre Einführung durch maßgeschneiderte Preismodelle. Besonderen Preisen, die vom klassischen Preismodell abweichen, steht rechtlich nichts im Wege. Im Hinblick auf die Messtechnik bleibt es bei der Verantwortung des Fernwärmeversorgungsunternehmens nach § 18 Abs. 4 AVBFernwärmeV. Das Fernwärmeversorgungsunternehmen ist somit Treiber der Digitalisierung. Dies liegt in der Natur der Sache, da das Fernwärmesystem als technische Einheit am besten von einem einzigen Akteur gesteuert werden kann. Der rechtliche Rahmen gewährleistet die notwendige unternehmerische Freiheit, um die Chancen der Digitalisierung im Fernwärmesektor zu nutzen.

Die Wahl des Messstellenbetreibers nach den §§ 5, 6 MsbG

Markus Böhme/Konrad Riemer[*]

I. Die Beteiligten des Messstellenbetriebs 68
II. Historische Entwicklung 70
III. Voraussetzungen der Auswahlrechte nach dem MsbG 71
    1. Das Auswahlrecht des Anschlussnutzers 71
    2. Das Auswahlrecht des Anschlussnehmers 72
IV. Rechtsfolgen für laufende Messstellenverträge 75
V. Verhältnis der Auswahlrechte 77
VI. Verfassungsrechtliche Erwägungen 81
VII. Ausblick 83

Am 2. September 2016 ist mit dem Gesetz zur Digitalisierung der Energiewende[1] das Gesetz über den Messstellenbetrieb und die Datenkommunikation in intelligenten Energienetzen (Messstellenbetriebsgesetz – MsbG) in Kraft getreten. Mit dem MsbG sowie zahlreichen weiteren Modifikationen energierechtlicher Vorschriften forciert der Gesetzgeber in Umsetzung europarechtlicher Vorgaben des dritten Energiebinnenmarktpaketes[2] die flächendeckende Einführung »intelligenter Messsysteme« (vgl. § 2 S. 1 Nr. 7 MsbG).[3] Die Installation intelligenter Messsysteme wird als wesentliche Voraussetzung für die Schaffung eines intelligenten Energienetzes (sog. smart grid) angesehen.[4] Mithilfe der verstärkten informatorischen Einbindung von Erzeugungs- und Verbrauchseinrichtungen in das Energienetz soll nicht nur eine bessere Koordinierung von Angebot und Nachfrage ermöglicht, sondern auch gegenüber den Verbrauchern die Transparenz im Hinblick auf den eigenen Energieverbrauch

---

[*] Die Autoren sind Rechtsanwälte in der Sozietät Freshfields Bruckhaus Deringer in Düsseldorf. Sie danken herzlich dem wissenschaftlichen Mitarbeiter Herrn Philipp Berg für wertvolle Vorarbeiten.
[1] BGBl. I 2016, 2034 ff.
[2] Vgl. insb. Anhang I Abs. 2 der Richtlinie 2009/72/EG; s. dazu auch *Kermel/Dinter*, RdE 2016, 158 f.
[3] Vgl. dazu *Lange/Möllnitz*, N&R 2016, 258 ff.; *dieselb.*, EnWZ 2016, 448 ff.; *Lüdemann/Ortmann/Pokrant*, EnWZ 2016, 339 ff.; v. *Wege/Wagner*, N&R 2016, 2 ff.
[4] BT-Drs. 18/7555, 81.

deutlich erhöht werden. Letztendlich soll der »Rollout« der »smart meter« damit auch zu einer Steigerung der Energieeffizienz beitragen.[5]

Die Vorschriften des MsbG haben die §§ 21b-21i EnWG sowie die Regelungen der Messzugangsverordnung (MessZV) ersetzt und den für den Wechsel des Messstellenbetreibers maßgeblichen Rechtsrahmen modifiziert. Dieser Beitrag thematisiert den Wechsel des Messstellenbetreibers auf Veranlassung des Anschlussnutzers bzw. Anschlussnehmers und nimmt damit insbesondere die Regelungen der §§ 5, 6 MsbG in den Blick. Im Folgenden werden in Kürze zunächst die Beteiligten des Messstellenbetriebs vorgestellt (dazu I.) und die gesetzeshistorische Entwicklung in Bezug auf das Recht zum Wechsel des Messstellenbetreibers nachgezeichnet (dazu II.). Es folgt die konzentrierte Darstellung der Voraussetzungen der einzelnen Auswahlrechte (dazu III.), ehe die Rechtsfolgen für laufende Messstellenverträge nach Ausübung des Auswahlrechts durch den Anschlussnehmer (dazu IV.) sowie das Verhältnis der Auswahlrechte zueinander näher beleuchtet werden (dazu V.). Schließlich werden einige der Neuregelungen in ihrem verfassungsrechtlichen Kontext hinterfragt (dazu VI.), bevor ein kurzer Ausblick auf die jüngsten Entwicklungen erfolgt (dazu VII.).

I. Die Beteiligten des Messstellenbetriebs

Nicht nur nach der Gesetzesbezeichnung, sondern auch rein tatsächlich bildet die *Messstelle* den maßgeblichen Anknüpfungspunkt für den Messstellenbetrieb. Dabei handelt es sich gem. § 2 S. 1 Nr. 11 MsbG um »die Gesamtheit aller Mess-, Steuerungs- und Kommunikationseinrichtungen zur sicheren Erhebung, Verarbeitung und Übermittlung von Messdaten und zur sicheren Anbindung von Erzeugungsanlagen und steuerbaren Lasten an Zählpunkten eines Anschlussnutzers.« Der *Zählpunkt* ist nach § 2 S. 1 Nr. 28 MsbG »der Punkt, an dem der Energiefluss messtechnisch erfasst wird.«[6] In diesem Zusammenhang sind als Beteiligte einerseits der Anschlussnutzer und der Anschlussnehmer sowie andererseits der grundzuständige Messstellenbetreiber sowie der wettbewerbliche Messstellenbetreiber zu nennen. Auf die Rolle des *Smart-Meter-Gateway-Administrators* iSd. § 2 S. 1 Nr. 20 MsbG wird nachfolgend nicht näher eingegangen.[7]

---

[5] Vgl. BT-Drs. 18/7555, 81; *Lüdemann/Ortmann/Pokrant*, EnWZ 2016, 339 (340).
[6] Zum Begriff des Zählpunktes als Anknüpfungspunkt für die Rollout-Verpflichtung des grundzuständigen Messstellenbetreibers vgl. *Wagner/Weise*, IR 2016, 194 ff.
[7] Vgl. dazu *Lüdemann/Ortmann/Pokrant*, EnWZ 2016, 339 (341 f.).

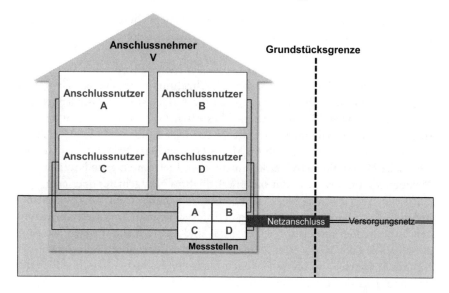

Anschlussnutzer ist der zur Nutzung des Netzanschlusses berechtigte Letztverbraucher oder der Betreiber von Erzeugungsanlagen nach dem EEG oder KWKG (§ 2 S. 1 Nr. 3 MsbG). In der Rechtspraxis sind neben Grundstückseigentümern insbesondere Mieter Anschlussnutzer.

Vom Anschlussnutzer ist der *Anschlussnehmer* zu unterscheiden. Anschlussnehmer ist »der Eigentümer oder Erbbauberechtigte eines Grundstücks oder Gebäudes, das an das Energieversorgungsnetz angeschlossen ist oder die natürliche oder juristische Person, in deren Auftrag ein Grundstück oder Gebäude an das Energieversorgungsnetz angeschlossen wird« (§ 2 S. 1 Nr. 2 MsbG). In der Rechtspraxis sind insb. Eigentümer in ihrer Position als Vermieter Anschlussnehmer.

Der Betrieb der Messstelle ist nach § 3 Abs. 1 S. 1 MsbG »Aufgabe des grundzuständigen Messstellenbetreibers, soweit nicht eine anderweitige Vereinbarung nach § 5 oder § 6 getroffen worden ist.« *Grundzuständiger Messstellenbetreiber* ist »der Betreiber von Energieversorgungsnetzen, solange und soweit er seine Grundzuständigkeit für den Messstellenbetrieb nicht nach § 43 auf ein anderes Unternehmen übertragen hat, oder jedes Unternehmen, das die Grundzuständigkeit für den Messstellenbetrieb nach § 43 übernommen hat«[8] (§ 2 S. 1 Nr. 4 MsbG). Nach § 2 S. 2 MsbG i. V. m. § 3 Nr. 4 EnWG handelt es sich bei den Betreibern von Energieversorgungsnetzen um die Betreiber von Elektrizitäts- (§ 3 Nr. 3 EnWG) und Gasversorgungsnetzen (§ 3 Nr. 6 EnWG). De facto wird der Messstellenbetrieb damit grundsätzlich (weiterhin) von den Verteilernetz-

---

[8] Zur Übertragung der Grundzuständigkeit für den Messstellenbetrieb s. *Lange/Möllnitz*, EnWZ 2016, 448 (452 f.); *Säcker/Zwanziger*, RdE 2016, 381 ff.

betreibern durchgeführt werden. Allerdings obliegt diesen der Messstellenbetrieb nicht als originäre Aufgabe des Netzbetriebs, sondern als Aufgabe in ihrer Funktion als Messstellenbetreiber.[9]

Es besteht jedoch die Möglichkeit, dass der Messstellenbetrieb durch einen *wettbewerblichen Messstellenbetreiber* durchgeführt wird. Dieser »Dritte« ist nach § 2 S. 1 Nr. 12 MsbG derjenige, »der die Aufgabe des Messstellenbetriebs durch Vertrag nach § 9 wahrnimmt.« Dies betrifft die Fälle, in denen der Anschlussnutzer von seinem Auswahlrecht nach § 5 bzw. der Anschlussnehmer von seinem Auswahlrecht nach § 6 MsbG Gebrauch gemacht hat. Als wettbewerbliche Messstellenbetreiber kommen neben Lieferanten grundsätzlich auch Netzbetreiber in Frage, soweit sie außerhalb ihres Netzgebietes operieren.[10]

Zu den Aufgaben des Messstellenbetreibers gehören nach § 3 Abs. 2 MsbG neben Einbau, Betrieb und Wartung der Messstelle und ihrer Messeinrichtungen insb. die Gewährleistung einer mess- und eichrechtskonformen Messung einschließlich der Messwertaufbereitung und der Datenübertragung sowie der technische Betrieb der Messstelle nach Maßgabe des MsbG einschließlich der ordnungsgemäßen Datenübertragung.

II. Historische Entwicklung

Bereits vor dem Inkrafttreten des MsbG sah das EnWG die Möglichkeit zum Wechsel des Messstellenbetreibers auf Veranlassung des Anschlussnehmers bzw. Anschlussnutzers vor. Nach § 21b Abs. 2 S. 1 EnWG 2005 lag die Entscheidungsbefugnis hinsichtlich des Messstellenbetreiberwechsels (exklusiv) beim *Anschlussnehmer*.[11] Diese Zuweisung gründete in der Befürchtung, dass ein durch regen Ein- und Ausbau der Messeinrichtungen gekennzeichneter Wettbewerb im Messstellenbetrieb den Lieferantenwechsel und letztlich den Wettbewerb auf dem Versorgungsmarkt behindern könnte.[12] Der Anschlussnehmer hatte aber nur dann ein (wirtschaftliches) Interesse an der Ausübung des Auswahlrechts, wenn er zugleich auch Anschlussnutzer war. Als Folge dieser Ausgestaltung waren der Wettbewerb hinsichtlich des Messstellenbetriebs und der Wettbewerb auf dem Markt der Energieversorgung weitgehend voneinander entkoppelt.[13]

---

[9] BT-Drs. 18/7555, 76; nach § 21b Abs. 1 EnWG 2005 war der Betrieb der Messeinrichtungen grds. originäre Aufgabe der Energieversorgungsnetzbetreiber.
[10] Vgl. dazu *Konar-Serr*, N&R 2017, 14 (18).
[11] § 21b Abs. 3 S. 2 EnWG 2005 sah aber grds. die Möglichkeit vor, die Messung »auf Wunsch des betroffenen Anschlussnutzers« durch einen »Dritten« durchführen zu lassen.
[12] *Drozella*, in: Säcker (Hrsg.), Berliner Kommentar, EnWG, 3. Aufl. 2014, § 21b, Rn. 32; vgl. auch *Eder/vom Wege*, IR 2008, 50 (52).
[13] *Drozella*, in: Säcker (Hrsg.), Berliner Kommentar, EnWG, 3. Aufl. 2014, § 21b, Rn. 32.

Mit dem EnWG 2008 modifizierte der Gesetzgeber § 21b Abs. 2 S. 1 EnWG und wies das Auswahlrecht nun grundsätzlich dem *Anschlussnutzer* und damit der Person zu, die hierdurch – jedenfalls potentiell – Kosten sparen und zusätzliche Dienste in Anspruch nehmen konnte.[14] Mithilfe dieser Verlagerung der Entscheidungsbefugnis sollte der Messstellenbetrieb als eigenständiges Wettbewerbsinstrument auf dem Versorgungsmarkt fungieren.[15] Nach der neuerlichen Anpassung des § 21b Abs. 5 S. 1 EnWG durch das EnWG 2011 stand das Auswahlrecht auch dem *Anschlussnehmer* zu, solange und soweit dazu eine ausdrückliche Einwilligung des jeweils betroffenen Anschlussnutzers vorlag. Diese Regelung zielte darauf ab, eine vollständige Ausstattung größerer Wohneinheiten mit moderner Messinfrastruktur zu erleichtern und eine kosten- und energieeffizienzpotentialhebende Organisation »aus einer Hand« zu ermöglichen.[16]

Trotz der weitgehenden Liberalisierung des Messwesens hat sich bezüglich des Messstellenbetriebs bislang kaum Wettbewerb entwickelt. So werden nach den jüngsten Angaben der Bundesnetzagentur wettbewerbliche Messstellenbetreiber in Verteilernetzen insgesamt nur in weniger als ein Prozent der Zählpunkte tätig.[17] Dieser Befund mag auf verschiedene Ursachen zurückzuführen sein. Von entscheidender Bedeutung dürfte aber wohl der Umstand sein, dass Verbraucher durch einen Wechsel des Messstellenbetreibers oftmals keine Kosteneinsparungen realisieren konnten, deren Höhe sie zu einem eigenmächtigen Wechsel bewogen hätte.[18] Inwieweit sich dies zukünftig ändern wird, bleibt abzuwarten.

III. Voraussetzungen der Auswahlrechte nach dem MsbG

Das MsbG spricht grundsätzlich dem Anschlussnutzer (§ 5 Abs. 1 MsbG) und unter bestimmten Voraussetzungen dem Anschlussnehmer (§ 6 Abs. 1 MsbG) ein Recht zur Auswahl des Messstellenbetreibers zu.

1. Das Auswahlrecht des Anschlussnutzers

Nach § 5 Abs. 1 MsbG kann der Messstellenbetrieb auf Wunsch des betroffenen *Anschlussnutzers* statt vom grundzuständigen Messstellenbetreiber von einem

---

[14] Vgl. BT-Drs. 16/8306, 7; *Herzmann*, in: Britz/Hellermann/Hermes (Hrsg.), EnWG, 3. Aufl. 2015, § 21b, Rn. 14; *Lange/Möllnitz*, EnWZ 2016, 448 (450).
[15] Vgl. *Drozella*, in: Säcker (Hrsg.), Berliner Kommentar, EnWG, 3. Aufl. 2014, § 21b, Rn. 32.
[16] Vgl. BT-Drs. 17/6072, 77; *Herzmann*, in: Britz/Hellermann/Hermes (Hrsg.), EnWG, 3. Aufl. 2015, § 21b, Rn. 16.
[17] BNetzA, Monitoringbericht 2016, 240 f.
[18] So auch *Lange/Möllnitz*, EnWZ 2016, 448 (450); vgl. kritisch mit Blick auf das Kosten-Nutzen-Verhältnis der neuen Messtechnik *Lüdemann/Ortmann/Pokrant*, EnWZ 2016, 339 (345).

Dritten durchgeführt werden, wenn durch diesen ein einwandfreier Messstellenbetrieb gewährleistet ist. Mit dieser Regelung überführt der Gesetzgeber § 21b Abs. 2 S. 1 EnWG a. F. in den geltenden Rechtsrahmen und bietet den Anschlussnutzern damit grundsätzlich weiterhin – bis zum 31. Dezember 2020 exklusiv – die Möglichkeit, ihren Messstellenbetreiber frei zu wählen.[19] Diese Ausgestaltung ist vor dem Ziel der angestrebten Wettbewerbsförderung im Bereich des Messstellenbetriebs zu begrüßen.[20] Die §§ 14 ff. MsbG enthalten Vorschriften zur Durchführung des Messstellenbetreiberwechsels. Inhaltlich werden die entsprechenden Regelungen der MessZV (§§ 5 ff.) im Ausgangspunkt fortgeführt.

2. Das Auswahlrecht des Anschlussnehmers

Seit der Einführung des § 21b Abs. 5 EnWG a. F. im Jahre 2011 stand dem *Anschlussnehmer* ein Auswahlrecht hinsichtlich des Messstellenbetreibers nur zu, »solange und soweit dazu eine ausdrückliche Einwilligung des jeweils betroffenen Anschlussnutzers« vorlag. Indem der Anschlussnehmer nach dieser Ausgestaltung grundsätzlich in jedem einzelnen Fall auf die Zustimmung des jeweiligen Anschlussnutzers angewiesen war und dieser sein Auswahlrecht darüber hinaus grundsätzlich jederzeit wieder selbst wahrnehmen konnte (»solange«),[21] lag die Entscheidungsbefugnis hinsichtlich eines Betreiberwechsels faktisch allein beim Anschlussnutzer. Mit diesem Grundsatz brechen die Neuregelungen des § 6 MsbG. Nach dessen Abs. 1 kann ab dem 1. Januar 2021 der *Anschlussnehmer* statt des *Anschlussnutzers* einen Messstellenbetreiber auswählen, ohne dafür auf dessen Zustimmung angewiesen zu sein.[22] § 6 Abs. 1 MsbG knüpft das Auswahlrecht des Anschlussnehmers stattdessen an folgende Voraussetzungen: Der (wettbewerbliche) Messstellenbetreiber muss verbindlich anbieten,

– alle Zählpunkte der Liegenschaft für Strom mit intelligenten Messsystemen auszustatten (Nr. 1),
– mindestens einen zusätzlichen Messstellenbetrieb der Sparten Gas, Fernwärme oder Heizwärme über das Smart-Meter-Gateway zu bündeln (sog. Bündelangebot, Nr. 2) und
– den gebündelten Messstellenbetrieb für jeden Anschlussnutzer der Liegenschaft ohne Mehrkosten im Vergleich zur Summe der Kosten für den bisherigen getrennten Messstellenbetrieb durchzuführen (Nr. 3).

---

[19] Vgl. BT-Drs. 18/7555, 77.
[20] Zu den mit dieser Ausgestaltung einhergehenden Nachteilen vgl. *Eder/vom Wege*, IR 2008, 50 (52).
[21] *Herzmann*, in: Britz/Hellermann/Hermes (Hrsg.), EnWG, 3. Aufl. 2015, § 21b, Rn. 16.
[22] Aufgrund dieser Tatsache kann auch die Gesetzesbegründung (BT-Drs. 18/7555, 77) hinterfragt werden, nach der die Neuregelung die Rolle des Anschlussnehmers stärke, »ohne die Position des Anschlussnutzers zu schwächen«.

Mit dieser Regelung will der Gesetzgeber die messtechnische Modernisierung von (mehrparteiigen) Liegenschaften fördern und durch die koordinierte Einbeziehung weiterer Sparten Synergieeffekte generieren, die den Nutzen des – ggf. freiwillig erfolgenden – Einsatzes intelligenter Messsysteme maximieren.[23] In tatsächlicher Hinsicht dürfte das Auswahlrecht des Anschlussnehmers nach § 6 Abs. 1 MsbG insbesondere auf die Liegenschaften abzielen, deren Messstellen aufgrund des Stromverbrauchs ihrer Letztverbraucher (≤ 6.000 kWh/a) nicht von der Pflicht zum Einbau intelligenter Messsysteme erfasst sind (vgl. § 29 Abs. 1, 2 MsbG).[24] Für derartige Messstellen hat sich der Gesetzgeber gegen die Statuierung einer entsprechenden Einbaupflicht des grundzuständigen Messstellenbetreibers entschieden, da unter Zugrundelegung der Kostenannahmen aus der Kosten-Nutzen-Analyse[25] erst ab der Verbrauchsgrenze von 6.000 kWh/a ein die verpflichtende Ausstattung rechtfertigendes individuelles Stromeinspar- und Lastverlagerungspotenzial vorliege.[26]

Nicht nur in Anbetracht der konkreten Voraussetzungen des § 6 Abs. 1 MsbG, die für die Rechtspraxis in materieller Hinsicht eine hohe Hürde darstellen dürften, ist zum gegenwärtigen Zeitpunkt aber fraglich, in welchem Ausmaß Anschlussnehmer von dieser rechtlichen Möglichkeit tatsächlich Gebrauch machen werden. Der Gesetzgeber entschied sich im Jahr 2008 dazu, das Auswahlrecht hinsichtlich des Messstellenbetreibers nicht länger dem Anschlussnehmer, sondern grundsätzlich dem Anschlussnutzer zuzuordnen. Diese Entscheidung beruhte nicht zuletzt auf der durch den Evaluierungsbericht der damaligen Bundesregierung zutage geförderten Erkenntnis, der zufolge die Auswahl der Messeinrichtung – und damit auch die des Messstellenbetreibers – »vorrangig im Interesse des Anschlussnutzers« liegt.[27] Die durch diesen Evaluierungsbericht angeregte Prüfung der Sinnhaftigkeit der Einräumung eines dem Anschlussnutzer zustehenden Auswahlrechts mündete schließlich in der Änderung des § 21b Abs. 2 S. 1 EnWG 2008, nach dessen Regelung das Auswahlrecht nun gerade dem Anschlussnutzer eingeräumt wurde.[28] Der Anschlussnehmer – in seiner Position als Vermieter – zieht aus einem mit Wirkung für die Anschlussnutzer – in ihrer Position als Mieter – veranlassten Betreiberwechsel regelmäßig keine unmittelbaren wirtschaftlichen Vorteile, sodass selbiger für gewöhnlich auch keinen hinreichend starken Anreiz zur Ausübung sei-

---

[23] Vgl. BT-Drs. 18/7555, 77.
[24] Vgl. BT-Drs. 18/7555, 77; *Lange/Möllnitz*, EnWZ 2016, 448 (451).
[25] Vgl. Ernst & Young, Kosten-Nutzen-Analyse für einen flächendeckenden Einsatz intelligenter Zähler (2013), 183 f.
[26] Vgl. BT-Drs. 18/7555, 89.
[27] Evaluierungsbericht der Bundesregierung über die Erfahrungen und Ergebnisse mit der Regulierung durch das Energiewirtschaftsgesetz, BT-Drs. 16/6532, 17; vgl. auch *Drozella*, in: Säcker (Hrsg.), Berliner Kommentar, EnWG, 3. Aufl. 2014, § 21b, Rn. 32.
[28] Vgl. BT-Drs. 16/8306, 7.

nes Auswahlrechts verspüren dürfte.[29] Was sich an dem Befund, demzufolge ein Auswahlrecht des Anschlussnehmers zur Förderung des Wettbewerbs weitgehend ungeeignet ist, zwischenzeitlich geändert haben soll, geht weder aus der Gesetzesbegründung zum MsbG noch aus sonstigen Gesichtspunkten hervor.[30]

Dieses Ergebnis kann auch die Regelung des § 6 Abs. 5 MsbG, deren rechtstatsächliche Anwendung ihrerseits ebenfalls Fragen aufwirft[31], nicht entscheidend verändern. Nach dieser steht den Anschlussnutzern gegenüber dem Anschlussnehmer zwar alle zwei Jahre ein Anspruch auf Einholung zwei verschiedener Bündelangebote für den Messstellenbetrieb der Liegenschaft zu. Bei dieser Vorschrift handelt es sich jedoch nur scheinbar um eine die tatsächliche Ausübung des Auswahlrechts des Anschlussnehmers beflügelnde Regelung. Zum einen ist bereits fraglich, inwieweit Anschlussnutzer von diesem Recht ihrerseits tatsächlich Gebrauch machen werden. Zum anderen – und dies ist entscheidend – sind die Anschlussnutzer entgegen der Auffassung des Gesetzgebers letztlich auch weiterhin auf den guten Willen des Anschlussnehmers angewiesen.[32] Denn selbst für den Fall, dass entsprechende Bündelangebote auf Verlangen der Anschlussnutzer vom Anschlussnehmer eingeholt worden sind, haben erstere keinen Anspruch auf Abschluss eines entsprechenden Vertrages.[33] Lehnt der Anschlussnehmer den Vertragsschluss – ganz gleich aus welchen Gründen – ab, läuft der Anspruch der Anschlussnutzer damit ins Leere.

Auch der Umstand, dass der Vertrag über den gebündelten Messstellenbetrieb nach § 39 Abs. 2 MsbG zwischen dem Anschlussnehmer und dem Messstellenbetreiber zustande kommt, wodurch die Kosten des jeweils betroffenen Messstellenbetriebs zwischen diesen Parteien abgerechnet werden, dürfte das Interesse des Anschlussnehmers an der Ausübung des ihm zustehenden Auswahlrechts verringern. Diese Kosten können zwar grundsätzlich mittels der individuellen Betriebskostenabrechnung auf die Anschlussnutzer umgelegt werden.[34] Dennoch geht der Anschlussnehmer durch den Abschluss des gebündelten Messstellenbetriebs im Außenverhältnis ein zusätzliches Haftungsrisiko ein, das durch keinen ihm unmittelbar zuteilwerdenden wirtschaftlichen Vorteil aufgewogen wird.

---

[29] Vgl. *Herzmann*, in: Britz/Hellermann/Hermes (Hrsg.), EnWG, 3. Aufl. 2015, § 21b, Rn. 14.

[30] Vgl. *Lange/Möllnitz*, EnWZ 2016, 448 (451).

[31] Unklar ist bspw., ob dieser Anspruch originär jedem einzelnen Anschlussnutzer zusteht oder aber deren Gesamtheit. Insb. die erstgenannte Lesart könnte für Anschlussnehmer (d. h. Eigentümer) von Großimmobilien einen nicht unerheblichen Verwaltungsaufwand mit sich bringen.

[32] Insoweit nicht überzeugend BT-Drs. 18/7555, 77.

[33] So ausdrücklich BT-Drs. 18/7555, 77; s. dazu mit kritischer Anmerkung in Bezug auf einen etwaigen Anspruch auf Vertragsabschluss *Kermel/Dinter*, RdE 2016, 158 (163).

[34] Vgl. BT-Drs. 18/7555, 101.

Nach § 39 Abs. 1 MsbG gelten im Hinblick auf die Durchführung eines durch den Anschlussnehmer veranlassten Betreiberwechsels die Vorschriften der §§ 14 ff. MsbG entsprechend.

IV. Rechtsfolgen für laufende Messstellenverträge

Sofern der Anschlussnehmer sein Auswahlrecht ausübt, enden laufende Verträge zwischen den Anschlussnutzern und deren jeweiligen Messstellenbetreibern für den Messstellenbetrieb der betroffenen Sparten entschädigungslos, wenn deren Laufzeit mindestens zur Hälfte abgelaufen ist, frühestens jedoch nach einer Laufzeit von fünf Jahren (§ 6 Abs. 2 S. 1 MsbG). Den betroffenen (Alt-)Messstellenbetreibern aller Sparten ist vor der Ausübung des Auswahlrechts mit einer Frist von sechs Monaten die Möglichkeit zur Abgabe eines eigenen Bündelangebots einzuräumen (§ 6 Abs. 2 S. 3 MsbG).

Die Auswirkungen der Ausübung des Auswahlrechts des Anschlussnehmers auf laufende (Alt-)Verträge sind für die betroffenen Messstellenbetreiber von zentraler Bedeutung. Indem nach § 6 Abs. 2 S. 1 MsbG die laufenden Vertragsverhältnisse kraft gesetzlicher Anordnung »entschädigungslos« enden, stellt sich für die betroffenen Messstellenbetreiber, insbesondere wenn sie mit ihrem »Gegenangebot« zur Bündelung keinen Vertragsschluss erreichen, die Frage, inwieweit aufgewandte Investitionskosten (noch) amortisiert werden können.

Hier wirft die neue Regelung einige Fragen auf. Unklar ist zunächst, was mit der Bezeichnung »entschädigungslos« gemeint ist. Die Gesetzesbegründung zu § 6 MsbG enthält diesbezüglich keine Erläuterungen, sondern erschöpft sich in dem pauschalen Verweis, wonach eine automatische Beendigung der entsprechenden Verträge für den Erfolg der durch den Anschlussnehmer initiierten Bündelung »erforderlich« sei.[35] Der Wortlaut legt nahe, dass betroffene Messstellenbetreiber nicht nur auf die Erzielung eines Gewinns verzichten, sondern darüber hinaus auch unmittelbare Verluste tragen müssen, ohne sich bei dem den gebündelten Messstellenbetrieb übernehmenden wettbewerblichen Messstellenbetreiber schadlos halten zu können.

Einen gewissen Schutz erfahren die finanziellen Interessen der bisherigen Messstellenbetreiber durch die Regelungen des § 16 MsbG i. V. m. § 39 Abs. 1 MsbG, die im Ausgangspunkt die Regelungen des § 4 Abs. 2 Nr. 2 MessZV a. F. in den geltenden Rechtsrahmen überführen. So muss der bisherige Messstellenbetreiber vor dem Übergang des Messstellenbetriebs dem neuen Messstellenbetreiber nach dessen Wahl die zur Messung vorhandenen technischen Einrichtungen vollständig oder einzeln gegen angemessenes Entgelt zum Kauf oder zur Nutzung anbieten (§ 16 Abs. 1 MsbG). Nimmt der neue Messstellenbetreiber

---

[35] BT-Drs. 18/7555, 77; zur Frage der Verfassungskonformität s. nachfolgend unter VI.

dieses Angebot an, kann der bisherige Messstellenbetreiber wenigstens einen Teil seiner für die Installation der (neuen) Messtechnik aufgewandten Investitionskosten refinanzieren. Soweit der neue Messstellenbetreiber von einem entsprechenden Angebot keinen Gebrauch macht, muss der bisherige Messstellenbetreiber die vorhandenen technischen Einrichtungen zu einem von dem neuen Messstellenbetreiber zu bestimmenden Zeitpunkt unentgeltlich entfernen oder den Ausbau der Einrichtungen durch den neuen Messstellenbetreiber dulden, wenn dieser dafür Sorge trägt, dass die ausgebauten Einrichtungen dem bisherigen Messstellenbetreiber auf dessen Wunsch zur Verfügung gestellt werden (§ 16 Abs. 2 MsbG). Lehnt der neue Messstellenbetreiber ein entsprechendes Angebot ab, hat der bisherige Messstellenbetreiber also zumindest einen »Anspruch« auf die Überlassung der vorhandenen technischen Einrichtungen, die ggf. erneut verbaut werden können.

Der Gesetzentwurf der Bundesregierung sah ursprünglich vor, dass die von der Bündelung betroffenen Verträge (bereits) dann entschädigungslos enden, wenn deren Laufzeit mindestens zur Hälfte abgelaufen ist. Zudem sollte das Auswahlrecht nach § 6 Abs. 1 MsbG dem Anschlussnehmer unmittelbar ab Inkrafttreten des MsbG zustehen.[36] Diese Ausgestaltung wurde von einzelnen Marktakteuren scharf kritisiert. Den geäußerten Bedenken hat der Gesetzgeber durch das zusätzliche Tatbestandsmerkmal Rechnung getragen, wonach die betroffenen Verträge »frühestens jedoch nach einer Laufzeit von fünf Jahren enden« und das Auswahlrecht des Anschlussnehmers erst ab dem 1.1.2021 besteht.[37] Durch diese Änderung würden »(e)twaige Eingriffe in bestehende Verträge (…) auf ein Minimum reduziert.«[38] Diese Modifikationen gegenüber dem ursprünglichen Gesetzentwurf mildern die tatsächlichen Auswirkungen der zumeist mit langen Laufzeiten geschlossenen Verträge ab. Dennoch sind in der Praxis Fälle zu erwarten, in denen (grundzuständige) Messstellenbetreiber ihre Investitionskosten zumindest teilweise nicht werden amortisieren können. Aus Sicht der Messstellenbetreiber stellt sich daher die Frage, ob die Entgelte für den Messstellenbetrieb so zu kalkulieren sind, dass die Investitionen innerhalb des Fünfjahreszeitraums amortisiert sind, innerhalb dessen der Vertrag über den Messstellenbetrieb nicht entschädigungslos beendet werden kann.

Dies leitet über zu einer weiteren Unklarheit, die die Neuregelung des § 6 Abs. 2 MsbG mit sich bringt. Ausdrücklich regelt § 6 Abs. 2 MsbG nur die Folgen der Ausübung des Auswahlrechts für Verträge, deren Laufzeit mindestens zur Hälfte abgelaufen ist und die zugleich mindestens fünf Jahre gelaufen sind. Nicht ausdrücklich geregelt und unklar ist hingegen, welche Rechtsfolgen solche Verträge treffen, die im Zeitpunkt der Ausübung des Auswahlrechts des

---

[36] Vgl. BT-Drs. 18/7555, 20.
[37] BT-Drs. 18/8919, 9.
[38] BT-Drs. 18/8919, 24.

Anschlussnehmers noch nicht mindestens fünf Jahre laufen bzw. noch nicht zur Hälfte abgelaufen sind. Die Beantwortung dieser Frage gewinnt angesichts der Tatsache besondere Bedeutung, dass eine Bündelung des Messstellenbetriebs auf Veranlassung des Anschlussnehmers nach § 6 Abs. 1 Nr. 1 MsbG bereits dann scheitert, wenn nur ein für die Bündelung relevanter Altvertrag nicht kraft der gesetzlichen Anordnung des § 6 Abs. 2 S. 1 MsbG automatisch endet bzw. mangels etwaiger Sonderkündigungsrechte beendet werden kann.[39]

Denkbar ist zunächst eine Argumentation, nach der auch erst kurz laufende Verträge kraft Gesetzes, dafür aber gegen eine Entschädigung enden. Der Wortlaut des § 6 Abs. 2 S. 1 MsbG lässt eine solche Interpretation zwar zu, allerdings stehen die Gesetzesmaterialien einer solchen Auslegung entgegen. Die Beschlussempfehlung des Ausschusses für Wirtschaft und Energie stellt klar, dass die »Verträge, die im Zeitpunkt der angestrebten Bündelung mit Dritten laufen, (…) grundsätzlich nicht vor Ablauf von fünf Jahren gesetzlich beendet (werden)«.[40] Hätte der Gesetzgeber die Beendigung auch erst kurz laufender Verträge kraft Gesetzes, aber gegen eine angemessene Entschädigung anordnen wollen, so hätten jedenfalls die zur Entrichtung der Entschädigung Verpflichteten sowie der Umfang der Entschädigungspflicht gesetzlich normiert werden müssen.

Vorzugswürdig ist daher eine Auslegung, wonach solche Verträge, die die Laufzeitvoraussetzungen des § 6 Abs. 2 S. 1 MsbG nicht erfüllen, grundsätzlich weiterlaufen. Diese Ausgestaltung dürfte eine Liegenschaftsmodernisierung im Wege der Bündelung des Messstellenbetriebs insb. in größeren Mieteinheiten allerdings in vielen Fällen verzögern oder ganz verhindern, da eine Bündelung für den Anschlussnehmer oftmals nur sinnvoll sein wird, wenn sie alle Anschlussnutzer einbezieht. Falls der Anschlussnehmer in derartigen Fällen dennoch eine umfassende Liegenschaftsmodernisierung beabsichtigt, böte sich als möglicher Ausweg eine individuelle Vertragsbeendigung an. Dies würde allerdings voraussetzen, dass der Anschlussnehmer den Anschlussnutzer – ggf. mit einem finanziellen Anreiz – dazu bewegen kann, seinen Messstellenvertrag zu beenden. Der Anschlussnutzer wäre hierbei wiederum an die Kündigungsrechte gebunden, die sein Messstellenvertrag vorsieht.

V. Verhältnis der Auswahlrechte

Ab dem 1. Januar 2021 kann der Anschlussnehmer von seinem Auswahlrecht nach § 6 MsbG Gebrauch machen. Das Auswahlrecht des Anschlussnutzers nach § 5 MsbG besteht allerdings grundsätzlich fort. Für den Anschlussnehmer,

---

[39] Vgl. *Lange/Möllnitz*, EnWZ 2016, 448 (451).
[40] BT-Drs. 18/8919, 24.

der die Modernisierung einer Liegenschaft beabsichtigt, stellt sich daher die zentrale Frage, in welchem Verhältnis sein Auswahlrecht zum Auswahlrecht des Anschlussnutzers steht. Das Gleiche gilt für (potentielle) wettbewerbliche Messstellenbetreiber, die Geschäftsmodelle für eine effiziente Liegenschaftsmodernisierung entwickeln wollen, um mit diesen an Anschlussnehmer heranzutreten. Nur wenn klar ist, dass die Modernisierung der Liegenschaft durch den Anschlussnehmer bzw. einen von ihm beauftragten wettbewerblichen Messstellenbetreiber nicht dadurch ganz oder teilweise vereitelt wird, dass die betroffenen Anschlussnutzer ihrerseits von ihrem Auswahlrecht Gebrauch machen, werden sich der Anschlussnehmer bzw. der wettbewerbliche Messstellenbetreiber auf die Liegenschaftsmodernisierung einlassen.

Um das Konkurrenzverhältnis zwischen den Auswahlrechten des Anschlussnutzers einerseits und des Anschlussnehmers andererseits zu klären, sieht der Gesetzgeber in § 6 Abs. 4 MsbG eine Konkurrenzregelung vor. Diese wirft jedoch mehr Fragen auf, als sie beantwortet. Der Gesetzgeber hat sich bei der Formulierung der Konkurrenzregelung offenbar an den alten Gesetzeswortlaut des § 21b Abs. 5 S. 1 EnWG a. F. angelehnt und diesen – allerdings in sinnverkehrender Weise – auf das Verhältnis zwischen Anschlussnehmer und Anschlussnutzer nach dem MsbG übertragen.

In § 21b Abs. 5 S. 1 EnWG a. F. bestimmte der Gesetzgeber, dass das Recht zur Auswahl eines Messstellenbetreibers »auch der Anschlussnehmer ausüben [kann], solange und soweit dazu eine ausdrückliche Einwilligung des jeweils betroffenen Anschlussnutzers vorliegt.« Nach der Altregelung waren daher die Auswahlkompetenzen klar voneinander abgegrenzt. Im Grundsatz stand das Auswahlrecht dem Anschlussnutzer zu. Dieser konnte seine Einwilligung in eine Auswahl des Messstellenbetreibers durch den Anschlussnehmer erteilen. Die Einwilligung konnte er zeitlich und inhaltlich begrenzen. Dies brachte der Gesetzgeber durch die Formulierung »solange und soweit« zum Ausdruck. Anknüpfungspunkt für die Lösung des Konkurrenzverhältnisses in zeitlicher und inhaltlicher Hinsicht war daher die Einwilligung des Anschlussnehmers.

Auch die Neuregelung in § 6 Abs. 4 S. 1 MsbG enthält die doppelte Einschränkung des *»solange und soweit«*. Allerdings hat sich der Bezugspunkt geändert, wie sich aus dem Wortlaut des § 6 Abs. 4 S. 1 MsbG ergibt: »*Solange und soweit der Anschlussnehmer von seinem Auswahlrecht nach Absatz 1 Gebrauch macht, besteht das Auswahlrecht des Anschlussnutzers nach § 5 Absatz 1 nur, wenn der Anschlussnehmer in Textform zustimmt«*.

Die Neuregelung kehrt das Regel-Ausnahme-Verhältnis der Vorgängerregelung dem Grunde nach um und sieht das Vorrecht zur Auswahl eines wettbewerblichen Messstellenbetreibers nunmehr beim Anschlussnehmer.[41] Dieser kann, insoweit spiegelbildlich zur Vorgängerregelung, seine Zustimmung in

---

[41] Vorrang des Auswahlrechts des Anschlussnehmers, s. BT-Drs. 18/7555, 77.

Textform dazu erteilen, dass der Anschlussnutzer nach § 5 Abs. 1 MsbG einen wettbewerblichen Messstellenbetreiber auswählt. Anders als bei der Vorgängerregelung beziehen sich die Konjunktionen »solange und soweit« aber nicht auf die Zustimmung, die der Anschlussnehmer dem Anschlussnutzer erteilen kann, sondern auf das neu eingeführte Tatbestandsmerkmal, das für den Vorrang des Auswahlrechts des Anschlussnehmers erfüllt sein muss. Der Anschlussnehmer genießt mit seinem Auswahlrecht nur dann Vorrang vor dem Auswahlrecht des Anschlussnutzers, »*solange und soweit [er] von seinem Auswahlrecht nach Absatz 1 Gebrauch macht.*« Anknüpfungspunkt für die Konjunktionen »solange und soweit« ist daher das Gebrauchmachen von einem Auswahlrecht. Mit dieser Feststellung zeigt sich aber zugleich das Hauptproblem der neu geschaffenen Konkurrenzregelung: Während eine Einwilligung als Dauertatbestand – wie nach der Altregelung – durchaus sinnvoll in ihrer zeitlichen Geltung eingeschränkt werden kann, ist dies bei einem punktuellen Akt wie dem Gebrauchmachen von einem Auswahlrecht kaum möglich. Denn die Ausübung eines Wahlrechts erfolgt binnen weniger Augenblicke, erstreckt sich aber nicht über einen längeren Zeitraum. Daher ist fraglich, inwiefern das Auswahlrecht des Anschlussnutzers gesperrt sein kann, »*solange [...] der Anschlussnehmer von seinem Auswahlrecht [...] Gebrauch macht.*«

Eine Lesart, wonach die Begriffe »solange und soweit« auf die Zustimmung des Anschlussnehmers zu beziehen sind, wonach also das Auswahlrecht des Anschlussnutzers nach § 5 Abs. 1 MsbG nur besteht, solange und soweit der Anschlussnehmer in Textform zustimmt, dürfte angesichts des Wortlauts ausscheiden. Eine solche Auslegung, die sich an der Vorgängerregelung orientierte, würde unterschlagen, dass sich die einschränkenden Merkmale des »solange und soweit« nicht auf die Zustimmung in Textform beziehen, sondern auf den Gebrauch des Auswahlrechts.

Fraglich ist daher, wie das punktuelle Auswahlrecht und die in § 6 Abs. 4 S. 1 MsbG mit dem Wort »solange« angelegte längerfristige Sperrwirkung in Einklang zu bringen sind. Denkbar ist zum einen, eine Sperrwirkung dann anzunehmen, wenn der Anschlussnehmer von seinem Auswahlrecht Gebrauch gemacht hat. § 6 Abs. 4 S. 1 MsbG läse sich also wie folgt:

»Erst wenn der Anschlussnehmer von seinem Auswahlrecht Gebrauch gemacht hat, besteht das Auswahlrecht des Anschlussnutzers nicht mehr.«

Auch wenn damit der Präsens (»von seinem Auswahlrecht [...] Gebrauch macht«) als Perfekt gelesen wird (»von seinem Auswahlrecht Gebrauch gemacht hat«), erscheint ein solches Verständnis vom Wortlaut noch gedeckt. Allerdings wirft die vorgeschlagene Auslegung neue Probleme auf. Kommt es für die Sperrwirkung des Auswahlrechts des Anschlussnutzers auf die Ausübung des Auswahlrechts des Anschlussnehmers an, stellt sich die Anschlussfrage, ob erst der Vertragsbeginn mit dem wettbewerblichen Messstellenbetreiber (frühestens also ab dem 1.1.2021) als Ausübung des Auswahlrechts verstanden werden kann oder ob auf den Zeitpunkt des Vertragsschlusses abzustellen ist. Da Verträge zwischen dem Anschlussnehmer und dem wettbewerblichen Messstellenbetreiber frühestens ab dem 1.1.2021 Wirkungen entfalten, aber bereits erheblich früher abgeschlossen werden können, kommt der Frage gerade für den Übergangszeitraum zwischen 2017 und dem 31.12.2020 große praktische Bedeutung zu.

Von dieser eher technischen Frage abgesehen, eröffnete die vorgenannte Auslegungsmöglichkeit Anschlussnutzern die Möglichkeit, eine Liegenschaftsmodernisierung faktisch zu vereiteln oder für den Anschlussnehmer oder den wettbewerblichen Messstellenbetreiber deutlich unattraktiver zu machen. Bei Bekanntwerden von Plänen des Anschlussnehmers, einen wettbewerblichen Messstellenbetreiber mit der Messung zu betrauen, könnte ein Anschlussnutzer nämlich seinerseits kurz vorher einen langfristigen Vertrag mit einem (anderen) wettbewerblichen Messstellenbetreiber abschließen. Nach der Regelung des § 6 Abs. 2 S. 1 MsbG würde dieser Vertrag mit der Beauftragung eines wettbewerblichen Messstellenbetreibers durch den Anschlussnehmer gerade nicht entschädigungslos enden. Im Einzelfall könnte in einem derartigen Verhalten des Anschlussnutzers zwar ein missbräuchliches Verhalten nach § 242 BGB gesehen werden, wenn es alleine darauf abzielt, den Anschlussnehmer an einer Rechtsausübung zu hindern. Die Voraussetzung für ein rechtsmissbräuchliches schikanöses Verhalten sind jedoch hoch und dürften in vielen Fällen weder tatbestandlich erfüllt noch in einem Rechtsstreit darlegbar sein.

Die vorgenannten praktischen Probleme würde eine Auslegung vermeiden, die nicht auf die tatsächliche Ausübung des Auswahlrechts durch den Anschlussnehmer abstellt, sondern auf die darauf gerichtete Absicht. § 6 Abs. 4 S. 1 MsbG wäre nach dieser Auslegung wie folgt zu lesen:

»Solange und soweit der Anschlussnehmer von seinem Auswahlrecht zwar noch nicht Gebrauch gemacht hat, dies aber beabsichtigt, besteht das Auswahlrecht des Anschlussnutzers nicht mehr.«

Auch dieses Verständnis wirft hingegen Fragen auf, welcher Zeitpunkt für die Absichtserklärung des Anschlussnehmers maßgeblich sein soll. Reicht z. B. bereits die bloße Mitteilung des Anschlussnehmers gegenüber dem Anschlussnutzer hinsichtlich der geplanten Liegenschaftsmodernisierung aus oder muss sich die Absicht des Anschlussnehmers bereits in einem tatsächlichen Verhalten nach außen manifestiert haben? Im Übrigen stellt sich ganz grundsätzlich die Frage, ob der vom Wortlaut rein objektive Tatbestand um ein subjektives Kriterium, nämlich den Willen des Anschlussnehmers zur Ausübung seines Auswahlrechts, angereichert werden kann, ohne die Wortlautgrenze zu übertreten. Das Auswahlrecht des Anschlussnutzers nach § 5 Abs. 1 MsbG hinge in diesem Fall vom Willen des Anschlussnehmers ab. Trotz dieser Vorbehalte hätte die vorgeschlagene zweite Auslegungsvariante allerdings den Vorteil, dass sie dem gesetzgeberischen Willen, eine umfassende Liegenschaftsmodernisierung zu erleichtern, besser Geltung verschaffen könnte als die weiter oben vorgeschlagene Auslegung. Ein befriedigendes Auslegungsergebnis wird hier nur in der praktischen Rechtsanwendung erzielt werden können. Die Frage des Konkurrenzverhältnisses zwischen dem Auswahlrecht des Anschlussnutzers nach § 5 Abs. 1 MsbG und dem Auswahlrecht des Anschlussnehmers nach § 6 Abs. 1 MsbG muss nach alledem als offen bezeichnet werden.

VI. Verfassungsrechtliche Erwägungen

Solange und soweit der Anschlussnehmer von seinem Auswahlrecht Gebrauch macht, folgt aus § 6 MsbG Abs. 4 S. 1 MsbG, dass das Auswahlrecht des Anschlussnutzers nach § 5 Abs. 1 MsbG nur dann besteht, wenn der Anschlussnehmer in Textform zustimmt. Ein entsprechendes Vorgehen des Anschlussnehmers führt somit zu einer damit korrespondierenden Beschränkung der Handlungsmöglichkeiten des Anschlussnutzers. Die Gesetzesbegründung weist insofern darauf hin, dass dieser Mechanismus zwangsläufige Konsequenz des erstarkten Auswahlrechts des Anschlussnehmers sei.[42]

Gleichzeitig stellt dieses Vorgehen jedoch auch einen Eingriff in die allgemeine Handlungsfreiheit der Letztverbraucher in Form der Vertragsfreiheit gemäß Art. 2 Abs. 1 GG dar. Die Gesetzesbegründung betont insofern, dass der Letztverbraucher mit Eröffnung des Wettbewerbs im Messstellenbetrieb grundsätzlich selbst bestimmen könne, mit wem er entsprechende Verträge schließe oder nicht.[43] Einschränkungen der allgemeinen Handlungsfreiheit sind jedoch durch die in Art. 2 Abs. 1 GG normierte Schrankentrias (Rechte anderer, verfassungsmäßige Ordnung oder Sittengesetz) möglich, wobei allein der Alternative der »verfassungsmäßigen Ordung« eine praktische Bedeutung zukommt.[44] Hierbei versteht das Bundesverfassungsgericht unter dem Terminus »verfassungsmäßige Ordnung« (vgl. dazu auch Art. 9 Abs. 2, 20 Abs. 3, 28 Abs. 1 S. 1, 28 Abs. 3 GG) in ständiger Rechtsprechung alle Rechtsnormen, die formell und materiell mit der Verfassung in Einklang stehen.[45] Das Grundrecht aus Art. 2 Abs. 1 GG kann somit grundsätzlich durch jede Rechtsvorschrift eingeschränkt werden.[46] Die Schwelle zur verfassungsrechtlichen Rechtfertigung von Eingriffen ist daher denkbar niedrig, sofern die betreffende Rechtsvorschrift im Übrigen auch verhältnismäßig ist.

Die Gesetzesbegründung weist insofern hinsichtlich des hier mittels § 6 Abs. 4 MsbG erfolgenden Eingriffs in die Vertragsfreiheit darauf hin, dass ein entsprechender Eingriff gerechtfertigt sei, da mit der Liegenschaftsmodernisie-

---

[42] BT-Drs. 18/7555, 77.
[43] BT-Drs. 18/7555, 78.
[44] *Jarass*, in: Jarass/Pieroth, GG, 14. Aufl. 2016, Art. 2, Rn. 13 ff.
[45] BVerfGE 6, 32 ff.; BVerfGE 90, 145, 172; BVerfGE 128, 193, 206.
[46] *Jarass*, in: Jarass/Pieroth, GG, 14. Aufl. 2016, Art. 2, Rn. 16.

rung ein legitimer Zweck verfolgt werde und die Regelung im Übrigen auch geeignet und erforderlich sei, um den Zweck der Hebung von Energie-, Kosten- und Prozesseffizienz zu erreichen.[47] In der Praxis erscheint es jedoch fraglich, ob sich die in der Gesetzesbegründung genannten Ziele und Effizienzen für einen erheblichen Teil der durch das Auswahlrecht Betroffenen – insbesondere Wohnraummieter – tatsächlich einstellen werden. Dies wird seitens der entsprechenden Interessenverbände (z. B. Mieterverbände und die Verbraucherzentralen) auf Basis der heute bekannten Anwendungen bislang bestritten, weil die zu erzielenden Einsparungen im Energieverbrauch zu vernachlässigen seien. Mit Blick auf die Angemessenheit der Regelung wird somit kritisiert, dass die Entscheidungsgewalt aufgrund der gesetzlichen Ausgestaltung beim Anschlussnehmer liegt, obwohl dieser selbst nicht unmittelbar von den Folgen der Entscheidung betroffen ist. Mit Blick auf die in der Gesetzesbegründung angesprochenen Effizienzgewinne wird man dem Gesetzgeber jedoch zwei Dinge zugutehalten müssen. Zunächst steht dem Gesetzgeber mit Blick auf die zukünftig erhofften Effizienzgewinne der Anschlussnutzer eine weite Einschätzungsprärogative zu und andererseits darf nicht unberücksichtigt bleiben, dass Energieversorger und Energiedienstleister derzeit eine Vielzahl neuer Anwendungen entwickeln, um den Anschlussnutzern auch entsprechende Produkte anbieten zu können. Neben der allgemein erwünschten Steigerung der Verbrauchstransparenz ist in diesem Kontext insbesondere die Ermöglichung variabler Tarife nebst der Steuerung flexibler Lasten zu nennen.

Neben dem bereits angesprochenen Eingriff in die Vertragsfreiheit der Anschlussnutzer ergibt sich aus § 6 Abs. 2 S. 1 MsbG eine weitere verfassungsrechtliche Fragestellung, denn hiernach enden laufende Verträge für den Messstellenbetrieb der betroffenen Sparten entschädigungslos, wenn deren Laufzeit mindestens zur Hälfte abgelaufen ist, frühestens jedoch nach einer Laufzeit von fünf Jahren.

Für den davon betroffenen bisherigen Messstellenbetreiber steht insofern ein Eingriff in Art. 12 und 14 GG in Rede, weil seine jeweiligen Verträge unter den im Gesetz genannten Umständen entschädigungslos enden und ihm somit ein Umsatzausfall für die Restlaufzeit des Vertrags entsteht.[48] Wenngleich die weitere Einschränkung in § 6 Abs. 2 S. 1 MsbG a. E. (»frühestens nach einer Laufzeit von fünf Jahren«) im ursprünglichen Gesetzentwurf noch nicht enthalten war und erst im Laufe des Gesetzgebungsverfahrens Eingang in die Vorschrift fand[49], führt dies lediglich zu einer Abmilderung der durch die entschädigungs-

---

[47] BT-Drs. 18/7555, 78.
[48] Das Bundesverfassungsgericht lässt insofern offen, ob das Recht des eingerichteten und ausgeübten Gewerbebetriebs überhaupt von Art. 14 GG erfasst wird (BVerfGE 81, 208, 227 f.; BVerfGE 123, 186, 258 nebst weiterer Nachweise), wobei dies seitens des BGH bejaht wird (BGHZ 92, 34, 37; 187, 177).
[49] BT-Drs. 18/8919, 9.

lose Beendigung eintretenden finanziellen Konsequenzen für den bisherigen Messstellenbetreiber.

Während der ursprüngliche Gesetzentwurf zu dieser grundrechtlichen Thematik komplett schwieg, wies der Gesetzgeber im Zusammenhang mit der einschränkenden »Fünf-Jahres-Regelung« darauf hin, dass etwaige Eingriffe in bestehende Verträge dadurch auf ein Minimum reduziert würden.[50] Verträge, die im Zeitpunkt der angestrebten Bündelung mit Dritten liefen, würden grundsätzlich nicht vor Ablauf von fünf Jahren gesetzlich automatisch beendet. Trotz der nunmehr im Gesetz befindlichen »Fünf-Jahres-Regelung« erfolgt jedoch ein Eingriff in die in der Vergangenheit angestellte Umsatz- und Ertragskalkulation, da der bisherige Messstellenbetreiber seiner Kalkulation sicherlich die ursprünglich avisierte Vertragslaufzeit zugrunde gelegt hat. In der Praxis ist es daher – trotz der gegenseitigen Beteuerungen in der Gesetzesbegründung – nicht ausgeschlossen, dass sich ggf. die vom bisherigen Messstellenbetreiber getätigten Investitionen selbst unter Berücksichtigung der Mindestlaufzeit von fünf Jahren nicht amortisieren lassen. Im Übrigen dürfte das wirtschaftliche Interesse des bisherigen Messstellenbetreibers nicht nur auf die Amortisation der getätigten Investition, sondern auch auf die Erzielung einer angemessenen Rendite gerichtet gewesen sein, die durch die entschädigungslose Beendigung der Verträge ebenfalls berührt werden könnte.

Im Kern ist somit fraglich, ob die Regelung in § 6 Abs. 2 S. 1 MsbG die schutzwürdigen Interessen des betroffenen Messstellenbetreibers hinreichend widerspiegelt. Die Angemessenheit der Regelung wird sich aufgrund der Vielzahl unterschiedlicher Vertragskonstruktionen dabei nicht generalisierend, sondern rein einzelfallabhängig beantworten lassen, so dass die weitere Rechtsentwicklung hierzu abzuwarten bleibt.

VII. Ausblick

Das MsbG verfolgt neben dem smart meter rollout eine Stärkung des Wettbewerbs um den Messstellenbetrieb. Hierzu räumt es neben dem Anschlussnutzer ab dem 1. Januar 2021 auch dem Anschlussnehmer ein Recht ein, den Messstellenbetrieb dem grundzuständigen Messstellenbetreiber zu entziehen und vertraglich auf einen wettbewerblichen Messstellenbetreiber zu übertragen. Die gesetzliche Ausgestaltung des Wechsels des Messstellenbetreibers wirft allerdings zahlreiche Auslegungsfragen auf.

Unklar ist unter anderem, welche Rechtsfolgen die Ausübung des Auswahlrechts für laufende Messstellenverträge mit sich bringt und wie das Konkurrenzverhältnis zwischen dem Auswahlrecht des Anschlussnutzers einerseits

---

[50] BT-Drs. 18/8919, 24.

und dem Auswahlrecht des Anschlussnehmers andererseits zu lösen ist. Auch aus verfassungsrechtlicher Sicht stellen sich Fragen der Verhältnismäßigkeit der getroffenen Regelung.

Die praktische Umsetzung der neuen Vorgaben wird dabei maßgeblich von den Festlegungen der BNetzA geleitet werden. Daher kann mit Spannung das Ergebnis des seit dem 1. März 2017 laufenden Festlegungsverfahrens zur Anpassung der Standardverträge an die Erfordernisse des Gesetzes zur Digitalisierung der Energiewende erwartet werden (BK6-17-042 / BK7-17-026). Mit den Festlegungen sollen die bisher mit den Beschlüssen BK6-13-042, BK6-09-034 und BK7-09-001 festgelegten Standardverträge an die neuen gesetzlichen Rahmenbedingungen angepasst werden.[51] Die Festlegungen der BNetzA werden darüber hinaus Impulse für die Auslegung der neuen Vorschriften geben.

Der Erfolg des smart meter rollouts wird letztlich neben der rechtlich praktikablen Umsetzbarkeit der Vorgaben des MsbG vor allem auch an Fragen der Technik hängen. Hier lassen jüngste Veröffentlichungen der Universität Twente in Enschede in den Niederlanden aufhorchen, wonach zahlreiche smart meter erheblich ungenauer als ihre analogen Vorgänger messen.[52] Da der technische Fortschritt dem rechtlichen aber in aller Regel vorauseilt, wäre ein Abgesang auf das MsbG in jedem Fall verfrüht.

---

[51] *Eder/Ruff*, IR 2017, 135 mit einer Zusammenfassung der wesentlichen Maßnahmen und einer ersten Bewertung des Vorgehens der BNetzA.
[52] Siehe die entsprechende dpa Pressemeldung vom 09. März 2017.

Verbraucherschutz in digitalisierten Energiemärkten

Udo Sieverding

Ich fange mit dem Thema Smart Meter an, das sofort an den Vorgängervortrag anknüpft. Viele halten das Digitalisierungsgesetz und seine Umsetzung für schlecht. Ich selbst habe eine ganze Reihe von Gesprächen mit Energieversorgern und Netzbetreibern in NRW geführt – auch hier sind offenbar alle mit der jetzigen Situation unzufrieden. Einzige Ausnahme ist vielleicht das zuständige Referat des BMWi. Aber niemand traut sich so richtig, das laut auszusprechen oder etwas dagegen zu unternehmen.

Wir haben das Thema Smart Meter bzw. intelligente Zähler schon seit zehn Jahren auf der Agenda. Als damals die ersten Ergebnisse einer kanadischen Studie kamen, die der Smart-Meter-Technik einen Effekt von 15-prozentigen Energieeinsparungen in Haushalten attestierten, nahmen wir ein Projekt mit den Stadtwerken Düsseldorf in Angriff. Die Stadtwerke haben dafür in einem Quartier freiwillig teilnehmenden Haushalten kostenlos intelligente Zähler zur Verfügung gestellt. Leider haben sich schon damals nur wenige der Haushalte, die bei der ersten Informationsveranstaltung dabei waren, für die Teilnahme interessiert. Noch weniger ließen sich das Gerät tatsächlich einbauen. Und noch einmal weniger überstanden die Pilotphase bis zum Ende. Wir hatten eigens für dieses Projekt eine Hotline geschaltet, um auftauchende Energiesparfragen bestmöglich zu beantworten. Sehr wenige haben dort angerufen.

Schon damals, vor acht oder neun Jahren, gab es also bei uns die Ernüchterungswelle nach der ersten Euphorie. Wir haben die ganze Entwicklung deswegen sehr aufmerksam weiterbegleitet. Die Bundesregierung ließ auch nach dem Vorliegen der Ernst & Young-Studie 2013 immer noch nicht davon ab, die Einsparung für die privaten Haushalte in den Vordergrund ihrer Argumentationen zu stellen. Obwohl wir kritisch auf das zweifelhafte Potenzial hingewiesen und den gesamten Prozess entsprechend begleitet hatten.

Dann schob das BMWi langsam eine andere Argumentation in den Vordergrund. Nun war es eben nicht mehr die Energieeinsparung, sondern die Systemstabilität, für die Smart Meter unbedingt gebraucht wurden. Daraufhin fragten wir 2014 die Verteilnetzbetreiber in Nordrhein-Westfalen, ob sie denn mit den Daten der smarten Systeme auch tatsächlich etwas anfangen könnten: Ob sie durch Einspeiseabregelungen von Kleinanlagen das Netz stabilisieren wollen, Lasten verschieben und Flexibilität schaffen. Das Ergebnis war, dass sich die Netzbetreiber weder damals noch für die absehbare Zukunft vorstellen konnten, damit zu arbeiten. BDEW-Präsident Johannes Kempmann wurde 2015 nach einer Äußerung auf der süddeutschen Energiefachtagung in einem ZFK-Artikel mit der Rede von der »Breiten Front gegen den Smart-Meter-Rollout« zitiert und kündigte an, so könne das alles nicht kommen.

Die Verbraucherverbände waren die einzigen, die dann auch in öffentlichen Stellungnahmen immer wieder darauf hingewiesen haben, dass das, was kommen sollte, nicht funktioniert und nicht sinnvoll ist. Wir haben grundsätzliche Probleme mit der Idee des »Zwangsrollout« benannt, wie wir ihn pointiert nennen, und natürlich auch mit der begleitenden Argumentation.

Leider ist aber aus der vermeintlichen »breiten Front« nichts geworden. Stattdessen standen wir fast alleine im Gegenwind des BMWi, ohne einen einzigen Energieversorger an unserer Seite. Ich vermute, dass das auch daran liegt, dass – zumindest wurde es so kommuniziert – man andere wichtige Baustellen hatte, mit denen man dem BMWi nicht in den Rücken fallen wollte. Etwa die KWK- und EEG-Novelle, aber auch andere Themen. Wo man dann gesagt hat: Es lohnt nicht, allein wegen der Smart Meter jetzt wirklich eine Front bei der Digitalisierung aufzubauen. Zumal ja dann aus der in Aussicht gestellten Verordnung sogar ein Gesetz wurde – das Digitalisierungsgesetz. Und wer hat denn schon etwas gegen Digitalisierung? Oder traut sich, etwas gegen Digitalisierung zu sagen, wenn es jetzt sogar ein Digitalisierungsgesetz gibt? Sie merken, wie ich das Ganze etwas zuspitze. Unsere Begeisterung hält sich jedenfalls sehr stark in Grenzen.

Wir glauben nicht daran, dass sich für Verbraucherinnen und Verbraucher überhaupt relevante Einsparungen ergeben. Die Forschungsergebnisse, die wir kennen, gehen von 0,5 bis 2 Prozent aus. Vergangene Woche habe ich über ein Stadtwerk aus NRW erfahren, dass ein Stadtwerk in Süddeutschland jetzt mal nachgerechnet hat, wie denn der Eigenverbrauch der Smart-Meter-Geräte ist. Ergebnis: Dieser Eigenverbrauch hebt die mögliche Einsparung auf.

Natürlich gibt es nennenswerte Stromeinsparpotentiale in den Haushalten. Für 10 Euro bieten Discounter mittlerweile Strommessgeräte an. Die reichen für das Aufspüren vieler Stromfresser vollkommen aus. Denn der Lerneffekt durch die Sichtbarkeit des Stromverbrauchs ist nach den ersten vier Wochen abgeschlossen. Danach weiß ich, wie viel Strom der zweite Kühlschrank im Keller verbraucht oder wo sich weitere Stromfresser befinden, zum Beispiel in Form des WLAN-Routers. Das kann ich einzeln mit einem Strommessgerät machen, dafür brauche ich keinen Smart Meter. Es gibt hier über die Zeit keine großen Aha-Effekte mehr, und deswegen glauben wir nicht an die großen Einspareffekte.

Wenn überhaupt, dann ergeben sich Vorteile für Verbraucherinnen und Verbraucher vielleicht über die Anwendungen, für die uns im Moment schlicht und ergreifend noch die attraktiven Tarife fehlen. Man kann sich da Einiges vorstellen, etwa bei Nachtspeicherheizungen, bei Wärmepumpen oder beim Ansteuern von Kühltruhe oder Kühlschrank. Das viel zitierte Waschmaschinenbeispiel halten wir hingegen für hoffnungslos überstrapaziert. Also dass die Waschmaschine nachts läuft, wenn der Strom günstig ist. Das ist unserer Meinung nach erst einmal völlig überbewertet. Und selbst wenn es Vorteile gibt, gilt auch hier: Das System muss sich ganz normal im Wettbewerb durchsetzen. Jeder Haushalt muss für sich selbst entscheiden, ob er einen Nutzen darin sieht und einen Smart Meter möchte. Nicht sinnvoll ist aber, dass wir bei einem Haushaltsstromverbrauchsanteil in Deutschland von 25 Prozent jetzt Millionen Haushalte zwangsweise mit dieser Technik konfrontieren, wo in der Industrie noch so viel Energieeffizienzpotential vorhanden ist – und insbesondere im KMU-Bereich auch noch so viel mehr Last verschoben werden könnte als in den Haushalten.

Die Möglichkeiten in diesen Bereichen sollten erst einmal ausgeschöpft werden. Und vielleicht ist danach die Technik ja wirklich so weit, dass wir sagen können: Es gibt für Haushalte ein vernünftiges, nutzfertiges Angebot, das sich auch rechnet. Wenn nicht über die Einsparung, dann möglicherweise über eine Lastverschiebung mit einem interessanten Tarif dahinter. Davon sind wir im Moment aber weit entfernt. Eine Detailfrage, die im Moment diskutiert wird und zeigt, wie sehr das BMWi mit dem Kopf durch die Wand will, ist die nach dem sogenannten Bundesdisplay – also nach der einheitlichen Verbrauchsvisualisierung. Das Gesetz gibt vor, dass alle Kunden diese Visualisierung in die Wohnung bekommen. Das geht bei Ein- und Zweifamilienhäusern gut. Grundsätzlich würde es auch Sinn ergeben. Aber wie machen Sie das im Hochhaus mit mehr als 100 Einheiten, bei dem die Stromzähler im Keller sind? Wie sollen denn da die Informationen aus dem Keller in den Haushalt kommen? Soll dann ein Kabel gezogen werden? Funkverbindung aus dem Keller funktioniert nicht immer. Und wer bezahlt das?

Ein Beispiel, wie die Etablierung der Technik funktionieren könnte, wäre der Weg über den Wettbewerb – wie es beim Smart Home passiert. Der Nutzen der Systeme muss überzeugen; dann nutzen die Kunden sie auch – oder wie im Beispiel von Smart Home – eben auch nicht.

Es gibt Smart-Home-Systeme seit 20 Jahren. Diese Systeme werden zwar günstiger und die Verkaufszahlen steigen langsam. Aber von den atemberaubenden Potentialen, mit denen die Branchenverbände werben, ist das noch weit entfernt. Das könnte auch daran liegen, dass es proprietäre Systeme sind. Das heißt, sie können, wenn sie einmal etwas bei einem Anbieter gekauft haben, kein Zusatzmodul eines anderen Anbieters mehr daraufsetzen, weil die Systeme nicht kompatibel sind. Wer weiß denn, ob es in fünf Jahren den Hersteller überhaupt noch gibt und ich dann noch Ersatzteile oder Zusatzapplikationen bekomme? »Also«, denkt sich dann vielleicht der Kunde: »So richtig überzeugt es mich nicht, deswegen mache ich es auch nicht.« Das finde ich völlig in Ordnung. Das ist ein Beispiel dafür, wie Digitalisierung funktionieren kann oder auch nicht. Ich sehe das sehr entspannt.

Google hat vor drei Jahren Nest übernommen und traut sich immer noch nicht auf den deutschen Markt. Gerade bei solchen Technologien glaube ich aber schon, dass dahinter ein disruptives Potential stehen kann. Dass irgendwann dieser Kipppunkt kommt, an dem die Leute – entweder, weil es wirtschaftlich ist, oder, weil es auch so ein Gefühl von »Habenwollen« erzeugt – Interesse bekommen. Das ist eine Frage von Nutzen und Image. Wer hätte vor zehn Jahren gedacht, dass wir alle nicht nur ein Telefon in der Tasche haben, sondern auch alle Zusatzfunktionen, die ein Smartphone mittlerweile hat. Das hat sich schlicht und ergreifend über den Markt und Verbrauchernutzen ergeben. Natürlich regt das Thema auch die Fantasie an, es reicht schließlich bis hin zur künstlichen Intelligenz. Und das finde ich spannend, da liegt auch Potenzial drin. Denn Energie ist ja im normalen Verbraucheralltag ein Low-Interest- oder sogar ein No-Interest-Thema. Wer hat denn schon Lust, sich täglich oder monatlich mit seiner Energieoptimierung zu beschäftigen? Darüber hinaus gibt es hier das Phänomen der kognitiven Dissonanz: »Eigentlich würde ich natürlich auf Ökostrom wechseln… und natürlich würde ich mich gerne mehr um das Energiesparen kümmern… – aber ich mache es trotzdem nicht.« Wenn also die Häuser und die Technik darin mittlerweile intelligenter werden als die Bewohner und diese auch einen Vorteil davon haben und Datenschutzfragen geklärt sind – why not? Das kann sich alles am Markt bewähren. Das finde ich extrem spannend.

Als wäre das nicht genug Dynamik, treten neben die Digitalisierung im Energiebereich noch die anderen beiden großen D's: Dezentralisierung und die Dekarbonisierung. Hier gibt es große technische Möglichkeiten zunächst im Bereich der Photovoltaik. Darüber wird durchaus auch leidenschaftlich für die »Prosumer-Welt« diskutiert, weil die Gruppe der Prosumer davon profitiert.

Es gibt aber nicht nur Solarstrom. Vaillant hat sich von der Brennstoffzelle verabschiedet. Vier oder fünf andere sehen dagegen noch viel Potential darin, zu Hause oder im Quartier Strom zu erzeugen. Kleinwind spielt dagegen immer noch keine Rolle. Und es gibt viele, die nicht daran glauben, dass es jemals eine Rolle spielen wird. Ich selbst bin da noch optimistisch, dass irgendwann etwas auf dem Dach steht, sich dreht und Strom erzeugt – auch wenn es natürlich nicht an die Größenordnung großer Windräder heranreicht. Mit einem Balkonmodul oder einer kleinen PV-Anlage auf dem Dach kann eine Kleinwindanlage schließlich schon mithalten, wenn sie ein oder zwei KW Leistung hat.

Es gibt viele technische Möglichkeiten, die sich entweder betriebswirtschaftlich für den Haushalt bereits rechnen oder zunehmend auch den »Habenwollen«-Effekt auslösen. Bei letzterem kommt der Imagefaktor zum Tragen – die Energiewende wird zum Konsumgut. Das ist der Effekt, den wir bei der Effizienz, seit Jahren auch bei Smart Home vermissen: Dass die Leute darauf abfahren, dass sie Geld investieren, weil sie so ein neues technisches System haben wollen. Die Menschen geben Geld dafür aus, dass in oder vor der Garage ein Auto steht, das sie nicht nur von A nach B bringt, sondern auch schick aussieht – ein Statussymbol, das auch Rückschlüsse auf die Einkommensverhältnisse zulässt. Beim Smartphone ist es ja ähnlich: Man kann die gleichen Funktionen bei einem Gerät vom Discounter für 200 Euro kriegen – trotzdem haben viele ganz bestimmte andere Geräte in der Tasche.

Einen solchen Image-Effekt kann es auch auslösen, wenn zur unscheinbaren PV-Anlage auf dem Dach demnächst das passende E-Mobil vor der Tür kommt. Oder der Batteriespeicher, der zwar in Garage oder Keller zunächst auch versteckt ist, aber digital, über eine App und eine Community, sichtbar wird. Wenn ich mit anderen in der Community im Wettbewerb stehe und mit meinem aktuellen Autarkiegrad oder der Tagesprozentzahl für den Eigenverbrauch punkten möchte – das können Treiber der Entscheidung für das Prosumer-Dasein sein.

Ich habe, um mal ein Beispiel zu erzählen, vor zwei Wochen einen Freund getroffen, der mich fragte: »Soll ich mir jetzt eigentlich einen Diesel kaufen oder ein Elektromobil? Wir haben jetzt eine Photovoltaik-Anlage gekauft – 7 KW, mit einem 4 KWh-Batteriespeicher. Jetzt, Anfang März, fängt die Anlage um 7.30 Uhr mit der Stromproduktion an, und um 10 Uhr ist der Speicher voll. Den ganzen Tag speise ich ein, weil wir nicht zu Hause sind. Meine Frau arbeitet fünf Kilometer entfernt und fährt mit dem Auto dorthin. Was soll ich mir jetzt ein Elektromobil kaufen, wenn das den Tag über nicht geladen werden kann, weil es erst am Abend wieder nach Hause kommt?« Ich habe ihm gesagt: »In fünf Jahren oder vielleicht noch ein wenig weiter in der Zukunft könnte die Blockchain die Lösung sein, die ein Elektromobil für dich sinnvoll macht. Die könnte es nämlich – zumindest bilanziell – regeln, dass der produzierte Strom ab 10 Uhr nicht mehr eingespeist wird, sondern stattdessen fünf Kilometer entfernt das Elektroauto deiner Frau lädt.« Das sind Modelle, die gerade am Anfang stehen. Da ist noch sehr viel Fantasie dabei.

Das gilt auch für die Community-Modelle, die es etwa von Sonnen und Beegy gibt. E.ON steigt auch ein, Lichtblick und Senertec haben sich zusammengeschlossen und können verschiedene Services bis hin zu Regelleistungen anbieten. Jetzt kommt natürlich die große Diskussion über die Entsolidarisierung – wer zahlt Umlagen und Netzkosten, wenn immer mehr Prosumer hier herausfallen? Natürlich versuchen Prosumer heute, das Optimum für sich im bestehenden System herauszuholen – und wenden sich damit letztlich gegen das System. Die Kosten bleiben auf den nicht privilegierten Letztverbrauchern hängen, um die wir uns als Verbraucherzentrale natürlich auch kümmern. Und ich glaube nicht, dass wir hier auf Zeit spielen sollten. Wir müssen diese Entwicklungen jetzt antizipieren, um für den Strukturwandel, der mit den drei D's zwangsläufig verbunden ist, quasi die Antworten vorwegzunehmen. Wir erleben jetzt, dass Verlierer des bisherigen Energiestrukturwandels – die Lausitz wurde angesprochen, die Braunkohlereserve wurde angesprochen – sagen, dass sie damals investiert haben, ohne die geänderten Rahmenbedingungen absehen zu können. Sie verweisen auf die Auswirkungen auf Arbeitsplätze und Region und diskutieren Hilfen beim Strukturwandel. Das halte ich für eine völlig legitime Argumentation, die politisch beantwortet werden muss. Was jetzt mit den drei D's kommt, ist aber sehr wohl absehbar.

Wenn ich jetzt eine Prognose erstelle, wie sich die PV-Preise entwickeln, dann rede ich nicht mehr nur über zwei oder drei Prozent der Haushalte, die sich so etwas leisten. Mieterstrom hat zum Beispiel großes Potenzial: in einer Studie wird von 3,8 Millionen Haushalten gesprochen. Hinzu kommen andere Techniken.

Ein anderes spannendes Beispiel für die Dezentralisierung ist die »Guerilla«-PV, oder Stecker-PV: In Österreich, in der Schweiz und den Niederlanden darf man Solaranlagen auf den Balkon stellen – Wechselrichter dran, Stecker in die Steckdose und ab ins Hausnetz mit dem Strom. Man muss natürlich regeln, was passiert, wenn dadurch ein Zähler rückwärts läuft – ist das Stromklau? Solche Fragen sind aber Nebenbaustellen. Daran muss und darf die ganze Diskussion über den Eigenverbrauch nicht scheitern.

Wenn das in den Massenmarkt geht, wird es auch gerade für Mieterhaushalte zumindest eine kleine Möglichkeit, ein bisschen zur Energiewende beizutragen und davon zu profitieren. Schließlich fragen wir immer: »Ja und was haben dann die ganzen Mieterhaushalte davon, die keinen Tesla vor der Tür stehen haben?« Es wirkt außerdem auch pädagogisch, wenn unsere Kinder sehen, dass draußen ein Gerät hängt, das Strom erzeugt und die Lampe leuchten lässt. Wir sollten auch solche kleinen Sachen ernst nehmen und schauen, dass wir da die richtigen Rahmenbedingungen schaffen. Den Rest macht dann der Markt – und ich vertraue durchaus darauf, dass das funktionieren wird.

Blockchain war bereits gestern und heute Morgen das große Thema. Vor ungefähr einem Jahr habe ich mich zum ersten Mal mit dem Thema beschäftigt. Also Bitcoin kannten wir schon länger auf dem Finanzmarkt, und die war imagemäßig bei uns im Haus eher nicht so gut besetzt. Aber als ich dann die ersten Gespräche zur Bedeutung von Blockchain im Energiemarkt hatte, dachte ich: »Ach das ist ja interessant, kann ich das mal irgendwo nachlesen oder kann mir das mal jemand genauer erklären?« Aber zu dem Zeitpunkt gab es noch nichts, sodass wir ein bisschen Geld in die Hand genommen haben und eine Studie beauftragt haben, die PWC dann für uns geschrieben hat. Im Juli vergangenen Jahres haben wir sie veröffentlicht. Die FAZ hat einen netten Artikel dazu geschrieben. Über die Überschrift kann man auch wieder streiten: »New York probt die Abschaffung der Energieversorger« – das ist natürlich Quatsch. Nicht nur, weil das Brooklyn-Beispiel illegal war, sondern auch weil es nur um 15 Solaranlagen in Haushalten ging. Eine Woche vorher war Staatssekretärin Rita Schwarzelühr-Sutter gerade in Brooklyn und hat sich die Anlage vor Ort

angeschaut. Hieraus hat der FAZ-Redakteur dann eben diesen Artikel geschrieben. Danach ging die Diskussion hier in Deutschland los.
Unsere Studie hat 45 Seiten; sie finden sie auch online. Darin wird erklärt, was Blockchain ist und was es im Moment an Überlegungen, Geschäftsmodellen und möglichen Anwendungsbeispiele im Energiebereich gibt. Auch den rechtlichen Regulierungsbedarf spricht die Studie an, und warum vieles heute eben noch nicht so einfach geht. Deswegen weiß ich nicht, ob wir in fünf Jahren so weit sind. Die Entwicklung regt aber zumindest die Fantasie an. Es tut sich etwas, und ich finde es immer schade, wenn Politik und Regulierer nicht mitkommen und am Ende hinterherregulieren müssen, wie es bei vielen Entwicklungen jetzt geschieht. Es ist immer auch eine Frage der Geschwindigkeit.

Verbunden mit der Blockchain ist ja oft die Verheißung, dass ein ominöser Intermediär – die Bank, der Versicherer, der Energieversorger, der Notar – wegdigitalisiert wird. Davon geht die Blockchain im Idealsystem aus. Da muss man, glaube ich, sehr vorsichtig sein. Wir sollten keine Gebilde propagieren, die es dann nachher so nicht geben wird. Es gibt bestimmte Bereiche, in denen der Intermediär wirklich wegfallen kann. Aber gerade im Energiebereich gehe ich nicht davon aus, dass ein Großteil der Verbraucher Interesse entwickeln wird, auch noch als Stromhändler tätig zu werden. Vielmehr wird man wohl weiter irgendeinen Dienstleister haben – selbst wenn das im Kern eine App ist, wo man ähnlich wie bei der Bestellung einer Kfz-Versicherung bestimmte Voreinstellungen machen muss – Vollkasko, Teilkasko, Führerschein, Alter, Jugendliche. Wenn dann irgendetwas schiefläuft, dann hat man einen Ansprechpartner, den man zu Rate und im Zweifelsfall auch zur Verantwortung ziehen kann. Für Verbraucher ist das immer wichtig.

Da bleibt also ein Intermediär. Es geht nicht darum, immer so zu denken, dass er ganz raus ist. Aber der bisherige Intermediär muss sich dem Wettbewerb mit anderen Anbietern stellen. Das können Dienstleister aus der Branche sein, das kann aber auch Google sein.

Auch durch den Betrieb der Messstelle kann eine ganz neue Bewegung in den Haushalt gebracht werden, inklusive Lieferantenwechseln. Wenn die Messstelle auch bei Google oder Verivox liegen kann, bedeutet das natürlich noch mal einen ganz anderen Druck für die Energieversorger. Der Energievertrieb wird sich in den nächsten Jahren stark ändern – nicht nur durch die Technik und den Eigenverbrauch, sondern auch durch solche digitalen Systeme.

Drei große Blöcke werden im Moment im Zusammenhang mit der Blockchain diskutiert: Zum einen das Thema Transaktionen und Smart Contracts. Neben der Bitcoin ist die Etherium-Blockchain eine, die mit Smart Contracts im größeren Stil arbeitet, die beispielsweise für Community-Stromliefermodelle gefragt sind. Aber im Prinzip kann auch der Lieferantenwechsel darüber abgebildet werden. Auch für die Abrechnung an Ladesäulen für Elektro-Autos sind viele Anwendungen möglich.

Das spannende zweite große Thema ist die Dokumentation von Eigentumsverhältnissen, zum Beispiel beim Ökostrom. Dieser Markt stagniert. Ich glaube auch nicht, dass er eine große Zukunft hat, wenn wir von 33 Prozent heute irgendwann einmal auf 50 oder 70 oder 80 Prozent erneuerbare Energien im allgemeinen Strommix gehen. Warum sollten sich die Haushalte dann noch wirklich bei einem alternativen Ökostromanbieter versorgen? Im Moment gibt es noch um die 5 Millionen Kunden, die das tun. Je nachdem, bei welchem Anbieter sie sind, beziehen sie den Ökostrom aber ja nicht direkt vom Erzeuger, sondern es hängt noch ein Unternehmen dazwischen – Lichtblick oder Greenpeace Energy oder Stadtwerke Düsseldorf oder wer auch immer. Möglicherweise außerdem eine Organisation, die ein Ökostromlabel vergibt, das bescheinigt, dass der Strom auch wirklich einen Umweltnutzen hat. Und dann ist zum Beispiel noch der TÜV beteiligt, der schaut, dass beispielsweise die Verbund AG aus Österreich den Ökostrom in ihren Büchern auch tatsächlich nur einmal verkauft. Das dürfte mit der Blockchain schlanker darstellbar sein. Gleiches gilt auch für den Handel mit CO_2-Zertifikaten.

Das dritte große Thema ist alles rund um das Thema Messung und Abrechnung. Das wird alles sehr lebendig werden. Und es ist davon auszugehen, dass Strom- und Wärmeablesen technisch zusammenwachsen. Gerade wenn eine neue Technik diese Prozesse möglicherweise verlässlich und verbindlich zu niedrigsten Transaktionskosten organisieren kann, können die Haushalte, insbesondere die Mieterhaushalte, davon profitieren.

Zusammengefasst bietet die Blockchain aus unserer Sicht zwei große Vorteile oder Chancen. Das eine sind die Effizienzgewinne, die früher oder später bei den Endkunden ankommen. Der andere große Vorteil ist die Chance zur Emanzipation. Das betrifft die Prosumer-Welt, für die wir uns von der Blockchain versprechen, dass die Akteurvielfalt wächst. Dass die Haushalte, die mehr machen wollen, auch tatsächlich die Möglichkeit haben, das zu tun.

Wir treffen dort natürlich auf eine große Sensibilität unter dem Stichwort Entsoldidarisierung. Deswegen zum Abschluss noch ein paar Worte zur Finanzierung der Energiewende. Es bedarf einer großen Sensibilität dafür, die nicht-privilegierten Letztverbraucher als diejenigen, die die Energiewende letztlich bezahlen müssen, nicht aus den Augen zu verlieren. Ich habe vorhin schon gesagt: Es ist eine politische Diskussion, die politisch geführt werden muss.

Wir haben deswegen für eine alternative Finanzierung plädiert. Weg von den Abgaben und Umlagen pro Kilowattstunde hin zu anderen Formen. Man kann einen Teil über Leistungs- statt Verbrauchspreise machen. Aber vor allen Dingen wird es eine politische Herausforderung sein, das System gerechter zu machen und auch über Steuern und über Haushaltsfinanzierung zu reden. Der Energiewendefond, wie er auch immer gespeist wird, ist hier ein Begriff. Steuerfinanzierungen sind politisch natürlich nicht populär. Aber die Prosumer-Welt wird den Druck erhöhen. Und ich ärgere mich darüber, dass sich Verbraucher für ihren umlagenbefreiten Eigenverbrauch rechtfertigen müssen. Es ist nicht schön, immer zu vergleichen, aber wir haben in Deutschland ungefähr einen Eigenverbrauch von derzeit 60 Terawattstunden. Die privaten Haushalte haben daran einen Anteil von 2 bis 3 Terawattstunden über Photovoltaik. Die Industrie kann ihren Anteil nicht einmal richtig beziffern. Der wird in der Studie, die der BDEW dankenswerterweise beauftragt hat, zwischen 25 und 45 Terawattstunden angegeben. Man weiß es aber nicht genau. Ich habe einmal beim Umweltbundesamt nachgefragt. Als Antwort kam, dass sie hierzu keine genauen Zahlen hätten. Die wissen es nicht einmal, was da an Eigenverbrauch und Entsolidarisierung stattfindet, aber die Verbraucher müssen sich dann für drei Terawattstunden rechtfertigen.

Wir sollten das nicht auf alle Zeit gegeneinander ausspielen. Wir müssen jedenfalls einen Kompromiss finden, nach dem wir uns nicht für jede Terawattstunde Eigenverbrauch in Privathaushalten rechtfertigen müssen. Denn die Eigenverbraucher sind eben nicht nur die Teslafahrer, das sind auch die Balkonsolarmieter.

Ich freue mich darüber, dass ich meine Gedanken dazu hier vorstellen und einen kleinen Einblick in das Thema aus der Verbrauchersicht geben konnte.

Datenschutz in digitalisierten Energiemärkten

Heinrich Amadeus Wolff

A. Grundlagen	96
I. Energie und Verhalten	96
II. Das Roll-Out intelligenter Messstellen	97
III. Das Messstellenbetriebsgesetz	97
IV. Kerninhalte des Gesetzes	99
V. Rechtspolitische Diskussion	99
B. Der dritte Teil des MsbG im Überblick	100
I. Allgemein	100
II. Die allgemeinen Fragen	101
1. § 49 MSbG: Erhebung, Verarbeitung und Nutzung personenbezogener Daten	101
2. § 50 MSbG: Zulässigkeit und Umfang der Erhebung, Verarbeitung und Nutzung von Daten	102
3. §§ 51-54 MsbG: Technische Grundlagen	102
III. Kapitel 2: Messwerterhebung und -übermittlung	103
IV. Weitere Verarbeitung (Verarbeitung und Übermittlung)	103
1. MSbr	104
2. Verbraucher und Prosumer	105
3. Kommunikation sonstiger Akteure	106
4. Weitere Datennutzung	106
V. Abschlussnormen	107
C. Rechtssystematische Einordnung in das Datenschutzrecht	107
I. Verhältnis zum BDSG	107
II. Bekannte datenschutzrechtliche Standards	108
1. Kopplungsverbot	108
2. Datenschutz und Technik – Privacy by Design	108
3. Pseudonymisierung und Anonymisierung	109
4. Stufenweises Schutzsystem	109
5. Grundsatz der Direkterhebung	110
6. Kontrolle und Offenbarungspflichten beim Verletzungsverdacht	110
III. Datenschutzrechtliche Besonderheiten	110
1. Zweckbindung durch Datenkategorien	110
2. Mischsituationen von personenbezogenen Daten und sonstigen Messdaten	110
3. Interne Gliederung der verantwortlichen Stelle	111
4. Betonung des abschließenden Charakters	112

D. Der Eingriff in das Recht auf informationelle Selbstbestimmung 112
   I. Die Schutzgewährleistung 112
   II. Die Frage der grundrechtlichen Bewertung 113
      1. Eingriffsbegriff 113
      2. Eingriffsgewichtung 113
   III. Eingriffsrechtfertigung 115
      1. Gesetzliche Grundlage 115
      2. Verhältnismäßigkeit. 115
      3. Verfahrensrechtliche Ausgestaltung 115
      4. Einzelfragen 115
         a) Zweckbindung – mitsamt Verbot der Vorratsdatenspeicherung . . 116
            aa) Der Maßstab 116
            bb) Anwendung dieses Maßstabs auf den vorliegenden Fall . . . 117
         b) Erforderlichkeit 118
            aa) Geltung auch bei der Einwilligung 118
            bb) Übertragung 119
         c) Bestimmtheitsgebot 119
         d) Fehlende Information 120
E. Verhältnis zur Europäischen Datenschutzgrundverordnung 120
   I. Künftiges Problem 120
   II. Die Suche nach der richtigen Öffnungsklausel 120
   III. Informationsrecht gem. Art. 17 DS-GVO 122
   IV. Einzelfragen 122
   V. Schluss 123

A. Grundlagen

I. Energie und Verhalten

Energieverbrauch ist aus Gründen der Verteilungsgerechtigkeit grundsätzlich kostenpflichtig und bedarf daher in der Regel einer Messung. Energieverbrauch ist zudem nutzungsabhängig. Nutzungen bilden oftmals menschliches Verhalten. Verbrauchsmessungen enthalten zum Teil verschlüsselte Informationen über menschliches Verhalten. Energiemessungen und Datenschutz gehören daher schon immer zusammen. Der Energiemarkt ist datenintensiv.[1] Die Digitalisierung der Energiemärkte hat diese Beziehung intensiviert.

Energiewirtschaft und Messtechnik sind untrennbar verbunden. Ursprünglich war das wörtlich zu verstehen, da bis Mitte der Jahrtausendwende die Liberalisierung der Messstellen betrieben wurde,[2] beginnend mit dem Energiewirtschaftsgesetz 2005 bzw. dem Gesetz zur Öffnung des Messwesens für den Wettbewerb 2008 und der Messzugangsverordnung. Mittlerweile steht daher

---

[1] *Reiners*, ZD 2015, 51, 53.
[2] *Lange/Möllnitz*, EnWZ 2016, 448, 450.

das Messwesen im Energierecht rechtlich mehr oder weniger selbstständig neben der Bereitstellung des Energienetzes und der Einspeisung der Energie bzw. dem Energieverbrauch und ist selbstständig liberalisiert.[3] Neben die Liberalisierung des Messwesens tritt dabei die Digitalisierung, die das Messwesen grundsätzlich umgestaltet und neue Chancen eröffnet.[4]

II. Das Roll-Out intelligenter Messstellen

Ursprünglich hoffte man, die Liberalisierung des Messwesens würde genügen, damit der Markt durch das Angebot von Preisvarianten zu unterschiedlichen Nutzungszeiten von selbst den Einbau intelligenter, das heißt elektronisch miteinander kommunizierender, Messeinheiten beflügeln würde.[5] Da dieser Wunsch nicht eintrat, übernahm der Normgeber die Initiative und zwar auf unionsrechtlicher Grundlage.[6] Das Unionsrecht normierte, dass die Mitgliedsstaaten wesentliche Teile der Verbraucher mit intelligenter Messtechnik ausstatten müssen, die miteinander verknüpft würden (sogenanntes Roll-Out). Die Mitgliedsstaaten hatten die Möglichkeit, die Einführung von dem Ergebnis einer vorausgehenden Wirtschaftlichkeitsbewertung abhängig zu machen.[7]

Deutschland führte durch eine Wirtschaftprüfungsgesellschaft eine Kosten-Nutzen-Analyse durch. Dabei wurde unter einem volkswirtschaftlichen Gesichtspunkt zum einen untersucht, welche energiewirtschaftlichen Rahmenbedingungen für ein flächendeckendes Ausbringen intelligenter Messtechnik (sog. »Roll-Out«) gewinnbringend sein können, und zum anderen, welche Gruppen und Verbraucher unter Zeugen einzubeziehen sein müssten, um die erhofften Effektivitäten zu erzielen. Diese Kosten-Nutzen-Analyse gab ein differenziertes Bild, bei dem insbesondere eine Ausstattung mit intelligenter Messtechnik nur bei Verbrauchern ab einer gewissen Größe (über 6.000 kW/Std) anfängt, wirtschaftlich vertretbar zu sein.

III. Das Messstellenbetriebsgesetz

Auf dieser Grundlage schuf der Gesetzgeber ein eigenständiges Gesetz zum Betrieb der Messstellen in der Energiewirtschaft, das Messstellenbetriebsgesetz (MsbG), das unter anderem das Roll-Out der intelligenten Messtechnik regelte. Die Bemühungen in den Jahren 2008 bis 2010 legten die rechtliche Grundlage

---

[3] Ausführlich *Wege/Wagner*, N&R 2016, 2f.
[4] *Lange/Möllnitz* (Fn. 2), 453.
[5] *Wege/Wagner* (Fn. 3), 2.
[6] Zum europäischen Hintergrund *Lüdemann*, EnWZ 2016, 339, 339.
[7] Vgl. Anhang 1 Abs. 2 der Elektrizitätsrichtlinie 2009/72/EG.

einer Liberalisierung des Messstellenbetriebes, bereiteten aber noch keine Grundlage für miteinander kommunizierende Messeinheiten. Das kam erst durch das MsbG.[8]

Die Einführung intelligenter Messsysteme hebt das Messwesen im Energiebereich auf ein neues Level. Gelobt werden die vielfältigen Funktionalitäten des Smart-Meters.[9] Als ihre Vorteile werden die Gewinnung wertvoller Daten zur besseren Auslastung bestehender Netze, die Verbesserung variabler Tarifsysteme, die bessere Integration der Anlagen erneuerbarer Energien und die bessere Bereitstellung eines flexiblen Energiemarktes genannt.[10]

Die Einführung intelligenter Messsysteme verändert allerdings auch die datenschutzrechtlichen Probleme in deutlicher Weise. Die datenschutzrechtliche Bewertung hat sich durch die Einführung von intelligenten Messstellen, den Smart-Metern, im Vergleich zu den herkömmlichen Messgeräten deutlich verändert.[11] Durch die Einführung von Smart-Metern wird die Erhebung von personenbezogenen Daten (pbD) erheblich zunehmen.[12] Das intelligente Messsystem hat durchaus eine hohe datenschutzrechtliche Relevanz,[13] weshalb seine Einführung kritisch gesehen wurde.[14] Dies veranlasste den Gesetzgeber dazu, die Neuregelung nicht auf der Ebene der Verordnung zu erlassen. Die Wahl des förmlichen Gesetzes verdeutlicht dabei zwei Dinge. Zum einen ist es dem Gesetzgeber ernst mit der Ermöglichung des »Roll-Outs« und zum anderen wollte er die Persönlichkeitsgefahren, die mit den intelligenten Messstellen verbunden sind, auf diese Weise gebührend achten und selbst regeln. Die Neuregelung wird datenschutzrechtlich grundsätzlich begrüßt, da sie deutlich umfangreicher als die Altregelung ist.[15] Im Bereich des Datenschutzes ist von einer wesentlichen Weiterentwicklung die Sprache.[16]

Diese doppelten Zwecke des MsbG kommen in der amtlichen Begründung gut zum Ausdruck.[17] Kurz gefasst gilt: [18]

Einerseits sollen durch die Einbindung von Erzeugungsanlagen und Verbrauchseinrichtungen in ein intelligentes Energienetz (Smart Grid) Schwankungen zwischen Angebot und Nachfrage besser koordiniert werden. Andererseits soll gegenüber Verbrauchern Transparenz über Art und Umfang ihres Stromverbrauchs hergestellt werden. So können sie zu einem effizienten Um-

---

[8] *Wege/Wagner* (Fn. 3), 2; s. a. *Eder/vom Wege/Weise*, IR 2016, 173 ff.
[9] *Reiners* (Fn. 1), 53.
[10] *Heuell*, Stellungnahme vom 11.04.2016, S. 3 f.
[11] *Keppeler*, EnWZ 2016, 99, 100.
[12] *Reiners* (Fn. 1), 53.
[13] *Lüdemann*, EnWZ 2016, 339, 343.
[14] *Schäfer*, EnWZ 2015, 349, 350; *Albrecht*, S. 8.
[15] *Lüdemann* (Fn. 13), 343.
[16] *Lüdemann* (Fn. 13), 346.
[17] BT-Drs. 18/7555, S. 62.
[18] *Lüdemann* (Fn. 13), 339.

gang mit Energie sowie zur Anpassung des Verbrauchs in Abhängigkeit vom Strompreis motiviert werden. Auch die Einbeziehung von Energiespeichern ist möglich. Intelligente Messsysteme können für ein gezieltes Be- und Entladen sorgen, sodass Potenziale optimal ausgenutzt und Investitionen schneller amortisiert werden.

IV. Kerninhalte des Gesetzes

Das Messstellenbetriebsgesetz ist an anderer Stelle ausreichend dargestellt. Die für das hiesige Thema wiederum relevanten Gesetzesstrukturen sind folgende: Im Ergebnis existiert ein selbstständiges Messsystem, das neben der Versorgungsstruktur und der Netzstruktur steht und bei dem die Akteure teilweise identisch sind wie bei der Netzstruktur. Es gibt alte, moderne und intelligente Messstellen. Letztere stehen im Vordergrund und ermöglichen eine Kommunikation der Messeinheiten bei dem Verbraucher einerseits und dem Messstellenbetreiber (MSbr) andererseits. Die Verbindung wird hergestellt über ein sogenanntes Smart-Meter-Gateway (SMG) und bildet einen intelligenten Messstellenbetrieb. Die Einbaupflicht mit intelligenten Messstellen greift für relevante Verbrauchsgruppen gemäß § 29 MsbG, sofern dies technisch möglich und wirtschaftlich vertretbar ist. Einen zentralen Bestandteil des MsbG bildet der Gedanke des Datenschutzes, dessen Zentrum im dritten Teil des Gesetzes normiert ist.[19]

V. Rechtspolitische Diskussion

Trotz des eher technischen Inhalts und des beschränkten Regelungsbereichs ist das Gesetz nicht unumstritten, wobei die Kritik teilweise in diametral unterschiedliche Richtungen geht. Am kritischsten dürfte die Stärkung der Übertragungsnetzbetreiber (ÜNB) beim Vorhandensein intelligenter Messsysteme sein.[20] Unterschiedlich wird auch die Frage gesehen, ob der Gesetzgeber bei den Kostenobergrenzen die Nutzer zu sehr oder zu wenig schonte.[21] Schließlich gibt es eine gewisse Übereinstimmung bei der Kritik am Bestimmungsrecht

---

[19] *Till*, RDV 2016, 22 ff.; *Lüdemann*, RDV 2016, 125 ff.
[20] Ablehnend: *Wege/Wagner* (Fn. 3), 8; *Weyand*, Stellungnahme vom 11.04.2016, S. 4; positiv zur neuen Rolle der ÜNB *Schucht*, Stellungnahme 2; *Kowalski*, Stellungnahme vom 08.04.2016, S. 5.
[21] Von einer zu hohen Belastung für den durchschnittlichen Haushalt gehenden HtHG aus *Lüdemann* (Fn. 20), 345; zu hoch für Kleinproduzenten meint *Kardel*, Stellungnahme vom 13.04.2016, S. 3; *Loew*, Stellungnahme vom 11.04.2016, S. 4; von einer zu geringen Entlastung der Messstellenbetreiber geht dagegen aus *Weyand* (Fn. 20), S. 3.

des Anschlussnehmers auch mit Wirkung gegenüber dem Anschlussnutzer.[22] Darüber hinaus wird eine ganze Reihe von Einzelkritikpunkten vorgetragen, die ohne Anspruch auf Vollständigkeit gilt: So werden Schwierigkeiten bei der Ermittlung der tatsächlichen jeweiligen Verbrauchsgruppe in Grenzfällen geltend gemacht;[23] die Preisobergrenze gemäß § 31 Abs. 1 MsbG für den Fall des Umzuges wird für kaum durchsetzbar gehalten,[24] für unnötig aufwendig wird die unmittelbare Abrechnung des unmittelbaren Messentgeltes durch den MSbr angesehen (§ 9 Abs. 1 Nr. 1 MsbG);[25] die Einbaupflicht wird für nicht weitreichend genug[26] und für zeitlich zu verzögert[27] angesehen. Weiter werden zu geringe Wahlmöglichkeiten des Verbrauchers kritisiert.[28] Auch wenn man als Bürger eines Industriestaates daran gewöhnt ist, Regularien in Bereichen zu erhalten, die nicht unmittelbar einen gefahrlosen freien Umgang miteinander, sondern ein hohes Niveau bestimmter Güter ermöglichen sollen, bleibt die hier in Frage stehende Regelung bemerkenswert. Der Umstand, dass der Staat den Messstellenmarkt zwangsweise gegen die Bedürfnisse des Marktes selbst liberalisiert und mit aller Kraft ein Messcomputersystem einführt, das der Vorbereitung der zentralen digitalen Steuerung der Energieversorgung durch den Verbraucher dient, beruht politisch auf einigen Prämissen, die man als Individuum nicht teilen muss.

B. Der dritte Teil des MsbG im Überblick

I. Allgemein

Aus energiewirtschaftlicher Sicht benennt der 3. Teil, welche Datenkommunikation die beteiligten Akteure zwingend gewährleisten müssen und zwingend benötigen, um ihren Aufgaben nachzukommen. §§ 49 bis 75 MsbG regeln die Erhebung von Messwerten durch den MSbr sowie deren anschließende Verwendung durch die berechtigten Stellen. Die Verbrauchsvisualisierung gegenüber dem Anschlussnutzer wird einbezogen. Die Normen besitzen einen klaren Charakter. Sie grenzen den Datenfluss und die Verarbeitungszwecke klar ein, lassen dafür aber den Umfang der fließenden Daten eher vage. Der Abschnitt

---

[22] BT-Drs. 18/7555, S. 5 f.; *Weyand* (Fn. 19), S. 5.
[23] *Wege/Wagner* (Fn. 3), S. 5, solange die Dreijahresbilanz gemäß § 31 Abs. 4 MsbG noch nicht vorliegt.
[24] *Wege/Wagner* (Fn. 3), 6.
[25] *Wege/Wagner* (Fn. 3), 9; *Lange/Möllnitz* (Fn. 2), 449.
[26] *Heueell* (Fn. 10), S. 6.
[27] *Heueell* (Fn. 10), S. 6.
[28] Stärkere Wahlmöglichkeit des Verbrauchers fordernd: *Kardel* (Fn. 21), S. 3 f. zu § 29 MsbG; bei der Vorgängerregelung wurde die fehlende Wahlmöglichkeit zur Einführung des Smart Meters bemängelt: *Jandt*, ZD 2011, 99, 103.

löst § 21g EnWG 2011 ab. Ein über die dort vorgesehene Verarbeitung hinausgehender Datenverkehr ist nur dann erlaubt, wenn der Anschlussnutzer, von dem die Daten erhoben werden, ausdrücklich zustimmt. Teil 3 ist in die vier Kapitel »allgemeine Fragen«, »zulässige Datenerhebung«, »Datenverarbeitung«, »Datenaustausch« und schließlich besondere Fallgruppen untergliedert.

Ausgeblendet bleiben bei den folgenden Überlegungen die Normen zur Verarbeitung von Daten zum Netzzustand, § 56 und § 64. Daten von Einspeise- und besonderen Verbrauchsanlagen sind datenschutzrechtlich in der Regel weniger sensibel.[29] Über die Erhebungsbefugnisse der Netzzustandsdaten sollen keine pbD erhoben werden. Vielmehr sind diese aggregiert zu erheben, sodass eine Personenbeziehbarkeit ausgeschlossen ist. Dies ist auch kontrollierbar. Da die technischen Vorgaben des Gesetzes samt Schutzprofilen und technischen Richtlinien des BSI dem Anschlussnutzer ein Einsichtsrecht in den internen Speicher des SMG gewähren, ist eine Dokumentation zur Erhebung und Übermittlung auch von Netzzustandsdaten sichergestellt. Systematisch Gleiches gilt für die Erhebung und Übermittlung von Stammdaten (§§ 57 und 63 MsbG). Ziel dieser Norm ist es, die automatisierte und sichere Stammdatenübertragung zur Erfüllung öffentlicher Registerpflichten zu ermöglichen, um die Verlässlichkeit zu steigern und den Aufwand zu reduzieren.[30]

II. Die allgemeinen Fragen

1. § 49 MsbG: Erhebung, Verarbeitung und Nutzung personenbezogener Daten

§ 49 Abs. 1 S. 1 i. V. m. Abs. 2 MsbG benennt abschließend die Stellen, die zur Erhebung, Verarbeitung und Nutzung pbD berechtigt sind. Satz 2 hält eine Verarbeitung nach anderen Normen durch andere Stellen gem. Abs. 1 S. 2 für unzulässig. Die Norm ist datenschutzrechtlich ungewöhnlich und wohl aus dem Mautdatengesetz übernommen.[31] Abs. 3 lässt die Auftragsdatenverarbeitung zu, wodurch der abschließende Charakter der Verarbeitungsberechtigten erheblich relativiert wird.[32] § 49 Abs. 4 MsbG normiert eine Dokumentationspflicht bei dem Verdacht der rechtswidrigen Inanspruchnahme von Messsystemen und Abs. 5 enthält ein Koppelungsverbot von Energie- oder Tarifzugang und Einwilligung.

---

[29] BT-Drs. 18/7555, S. 107.
[30] BT-Drs. 18/7555, S. 107.
[31] § 4 Abs. 3 S. 5 BFStrMG; vgl. BT-Drs. 18/7555, S. 2.
[32] Kritisch zur Möglichkeit der Auftragsdatenverarbeitung *Lüdemann* (Fn. 16), 345; s. auch schon *Jandt* (Fn. 28), 101.

2. § 50 MsbG: Zulässigkeit und Umfang der Erhebung, Verarbeitung und Nutzung von Daten

§ 50 MsbG bezieht sich auf Messeinrichtungen jeder Art (ob digital oder analog), knüpft an die Pflichten eines MSbrs aus § 3 Abs. 2 MsbG an und gilt sowohl für Daten mit Personenbezug als auch für solche ohne. Erfasst wird jegliche Kommunikation, was den abschließenden Charakter des Messstellenbetriebsgesetzes unterstreicht. § 50 Abs. 1 MsbG lässt die Verarbeitung von Daten aus einer Messeinrichtung nur bei Einwilligung zu oder, wenn diese erforderlich ist, aus einem der in § 50 Abs. 1 HS 2 Nr. 1 bis 4 MsbG genannte Gründen, d. h. bei der Erforderlichkeit der Verarbeitung zur Erfüllung von vorvertraglichen, vertraglichen und rechtlichen Pflichten und zur Erfüllung von Aufgaben im öffentlichen Interesse. Nach der Gesetzesbegründung verdeutlicht die Norm das Kernanliegen des dritten Teils des Messstellenbetriebsgesetzes, nämlich Regelungen zur Erhebung, Verarbeitung und Nutzung von Messwerten und weiteren pbD zu treffen und dient damit in zentraler Weise dem Recht auf informationelle Selbstbestimmung (RiS).[33]

3. §§ 51–54 MsbG: Technische Grundlagen

Das gesamte MsbG ist geprägt von dem Grundsatz des Datenschutzes durch Technik, sodass rechtliche Anforderungen an die technische Seite des Datenflusses nicht überraschen.[34] § 51 sichert dem SMG-Administrator (§ 2 Nr. 20 MsbG) den Erhalt der Informationen zu, die er für eine funktionierende Konfiguration bedarf.[35] Normiert werden in § 52 MsbG allgemeine Verschlüsselungsvorgaben und Mindestanforderungen an jedwede Kommunikation der berechtigten Stellen. Unverschlüsselte elektronische Kommunikation von pbD darf es danach nicht geben. Die Nutzung der Smart-Metering-Public-Key-Infrastruktur des BSI ist verpflichtend. § 54 DS-GVO normiert bei Verträgen, deren Durchführung einen Datenfluss über den SMG nach sich ziehen, die Pflicht, ein standardisiertes Formblatt zu verwenden, damit der SMG-Administrator und der Anschlussnutzer in zumutbarer Weise die aufgeworfenen Datenkommunikationserfordernisse erkennen können.[36]

---

[33] BT-Drs. 18/7555, S. 105.
[34] BT-Drs. 18/7555, S. 105.
[35] BT-Drs. 18/7555, S. 105.
[36] BT-Drs. 18/7555, S. 106.

III. Kapitel 2: Messwerterhebung und -übermittlung

Kapitel 2 befasst sich mit den besonderen Regelungen zur Messwerterhebung und nennt den zulässigen Umfang der Messwerterhebung für die unterschiedlichsten Bereiche (Strom: § 55 MsbG, Netzzustand: § 56 MsbG, Stammdaten: § 57MsbG, Gas: § 58 MsbG). Hier soll nur die Regelung zum Strom wiedergegeben werden.

Für den Strom wird der Umfang der erhobenen Daten in § 55 Abs. 1 MsbG von der Verbrauchsmenge und der Existenz eines intelligenten Messsystems abhängig gemacht. Vereinfacht gesprochen werden für Letztverbraucher mit einem Jahresstromverbrauch größer als 100.000 Kilowattstunden und für solche Nutzer, die mit einem intelligenten Messsystem ausgestattet sind, die Daten im Wege der Zählerstandsgangmessung erhoben. Die Zählerstandsgangmessung ist gem. § 2 Nr. 27 MsbG die Aufstellung viertelstündig ermittelter Zählerstände bei Strom. Die Einführung der zwingenden Zählerstandsgangmessung für diese Nutzerkategorie soll offenbar die Entfaltung der Vorteile von intelligenten Messsystemen ermöglichen. Eine Datenerhebung im 15-Minutentakt bildet die zeitliche Größe, die nach Einschätzung des Gesetzgebers für eine Vielzahl von Nutzanwendungen eine ausreichende Tatsachenbasis biete.

§ 55 Abs. 2 bis 5 MsbG enthält Sonderregelungen für den Lieferantenwechsel und für die Einspeisungen aus Anlagen erneuerbarer Energien. Bei letzterem benötigt der Netzbetreiber (NB) relativ feingranulare Messungen. Die aus diesem Bereich stammende Verbesserung der Informationslage ist ein zentrales Anliegen des MsbG. Eine getrennte Messung von Einspeiser und Verbraucher (Prosumer)[37] verlangt § 55 Abs. 5 MsbG. § 55 Abs. 6 MsbG wiederum stellt sicher, dass nur die zum Datenumgang berechtigten Stellen die erhobenen Messwerte dem Anschlussnutzer zuordnen können.[38] Die Kommunikation dieser Werte zu externen Akteuren wird von § 55 MsbG nicht erfasst, sondern bedarf einer selbstständigen Rechtsgrundlage.

IV. Weitere Verarbeitung (Verarbeitung und Übermittlung)

Kapitel 3 regelt die Übermittlung und Verwendung zulässig erhobener Messwerte und anderer Daten, differenziert nach MSbr (§§ 60–65 MsbG) und nach NB, ÜNB, Bilanzkreisverantwortlichen und Energielieferanten. Die normative Einhegung des MSbrs ist am ausführlichsten.

---

[37] Zum Prosumer vgl. *Lovens*, EnWZ 2016, 481, 485.
[38] BT-Drs. 18/7555, S. 106.

1. MSbr

§ 60 MsbG normiert eine sternförmige Kommunikation, nach der die aufbereiteten Daten entweder vom MSbr oder vom SMG selbst automatisch unmittelbar an die Berechtigten verteilt wurden.[39] Die Regelung führt die Struktur der Altregelung des § 4 Abs. 3 Messzugangsverordnung unter Berücksichtigung neuer technischer Möglichkeiten durch den Einsatz von intelligenten Messsystemen fort. Die Daten fließen von der Messstelle zum MSbr oder dem SMG und von dort zu dem Beteiligten in der Form und dem Ausmaß, wie dieser es für seine Zwecke benötigt. Der MSbr und mit ihm das SMG tritt an die Stelle des Verteilernetzbetreibers als sogenannte Datendrehscheibe. Meist ist jener mit diesem personenidentisch.[40] Dieser Linie folgend wird zugleich festgelegt, dass die Messwertaufbereitung beim MSbr liegt. Zur Messwertaufbereitung gehören insbesondere die Plausibilisierung und Ersatzwertbildung der aus den angebundenen Messeinrichtungen stammenden Messwerte. Die technische Umsetzung erfolgt hier in der Regel und soweit vorhanden direkt im SMG. Dies wird elektronisch protokolliert und ist daher nachvollziehbar (»im Logbuch«).[41]

Diese direkte Datenkommunikation verspricht nach Auffassung des Gesetzgebers Effizienzgewinne und ein Mehr an Datenschutz und Datensicherheit.[42] Die sternförmige Kommunikation direkt über das SMG ist in zwei Ausprägungen denkbar: mit oder ohne aktive Beteiligung des SMG-Administrators.[43] Bei einer direkten Verteilung ohne Beteiligung des SMG-Administrators von zweckgebundenen Daten zu autorisierten Marktteilnehmern werden die Dateninhalte je Marktteilnehmer von der Messstelle verschlüsselt und beim Marktteilnehmer entschlüsselt. Bei einer Beteiligung des SMG-Administrators dient diese als Transportmittel, als automatisierte Datendrehscheibe, die die von ihr verschlüsselten Messdatenpakete an die autorisierten Marktteilnehmer weiterleitet. Dabei ist der SMG-Administrator selbst nicht in der Lage, die Daten zu verwenden, da sie verschlüsselt vorliegen. Er hat keinen Zugriff auf die verschlüsselten Informationen. Die zu gewährleistenden Betriebsprozesse, organisatorische Mindestanforderungen und das entsprechende Zertifizierungsverfahren werden gemäß § 22 Abs. 4 S. 3, 4 MsbG durch technische Richtlinien des BSI bestimmt.[44] Mit dem SMG-Administrator möchte der Gesetzgeber eine zertifizierte und vertrauenswürdige Instanz installieren.[45]

§ 60 Abs. 3 MsbG ist die zentrale Vorschrift für die Standardkommunikation des MSbrs, da sie fallgruppenstrukturiert vorgibt, zu wem welche Informatio-

---

[39] Positiv zum sternförmigen Kommunikationsverfahren BT-Drs. 18/7555, S. 3.
[40] Messstellenbetreiber ist der Verteilungsnetzbetreiber, *Lüdemann* (Fn. 6), 341.
[41] Vgl. *Kowalski* (Fn. 20), 4.
[42] BT-Drs. 18/7555, S. 108.
[43] BT-Drs. 18/7555, S. 108.
[44] *Lüdemann* (Fn. 6), 342.
[45] *Lüdemann* (Fn. 6), 341.

nen fließen.⁴⁶ Die Zwecke, zu denen die Daten verarbeitet werden dürfen, sind je nach Berechtigtem in den §§ 66 ff. MsbG genau festgelegt und § 60 MsbG bestimmt, welche Daten zu diesem Zweck wem übermittelt werden dürfen. Die Regelungen sind im Ergebnis so detailgenau, dass man sich fragt, ob das Parlament da wirklich wusste, was es tat und man hofft als energietechnischer Laie, der Gesetzgeber habe bei der Abfassung der Normen keinen Fehler gemacht.

Die Normen sichern nach Einschätzung des Gesetzgebers den NBn die für eine effiziente Systemführung notwendigen Daten.⁴⁷ Sie berücksichtigen die zunehmenden Informationsbedürfnisse des ÜNBs. Festgelegt wird dabei nach Einschätzung des Gesetzgebers dennoch das absolut notwendige Maß an Datenkommunikation. Der Austausch beschränkt sich hinsichtlich der kleintaktigen Datenkommunikation (15 Minutenwerte des Vortages) im Wesentlichen auf Konstellationen abseits von Privathaushalten, da Letztverbraucher mit einem Jahresverbrauch unterhalb von 10 000 Kilowattstunden ausgenommen sind.⁴⁸ Für den normalen Verbraucher eines Einfamilienhauses wird standardmäßig nur ein Jahreswert nach außen kommuniziert werden,⁴⁹ soweit der Letztverbraucher im Energieliefervertrag mit seinem Lieferanten nichts anderes vereinbart hat (z. B. einen variablen Tarif nach § 40 Abs. 5 Satz 1 EnWG) oder er mit sogenannten steuerbaren Verbrauchseinrichtungen freiwillig an einem Flexibilitätsmechanismus des NBs nach § 14a EnWG teilnimmt.⁵⁰ Eine Mehrfachverwendung von Daten wird zugelassen, um Neuerhebungen zu vermeiden.⁵¹

§ 60 Abs. 4 MsbG stellt für intelligente Messsysteme klar, dass der MSbr für eine passende Konfiguration des SMGs zu sorgen habe. § 60 Abs. 6 MsbG fordert entsprechend dem datenschutzrechtlichen Grundsatz der Datensparsamkeit vom MSbr die unverzügliche Löschung der Messwerte; dies ist der Zeitpunkt, zu dem er die Messwerte nicht mehr zu eigenen Zwecken benötigt. Vorschriften des Mess- und Eichrechts können Mindestaufbewahrungsfristen beinhalten und sind zwingend zu berücksichtigen. Näheres regelt eine Festlegung der Bundesnetzagentur.

2. Verbraucher und Prosumer

§ 61 Abs. 1 MsbG normiert die Datenverwendung durch den Letztverbraucher selbst und gibt ihm Einsichtsrechte in sein Verbrauchsverhalten. Die Ermöglichung detailgenauer Einblicke in das eigene Verbrauchsverhalten bildet einen

---

[46] BT-Drs. 18/7555, S. 108.
[47] BT-Drs. 18/7555, S. 109 f.
[48] Nach der Gesetzesbegründung liegt der Durchschnittsjahresverbrauch Strom in Privathaushalten bei 3 500 Kilowattstunden pro Jahr, BT-Drs. 18/7555, S. 109.
[49] BT-Drs. 18/7555, S. 106.
[50] BT-Drs. 18/7555, S. 106.
[51] BT-Drs. 18/7555, S. 110.

der wesentlich gewollten Vorteile des Roll-Outs intelligenter Messgeräte. Der Gesetzgeber erhofft sich dadurch, evtl. gefördert durch variable Tarife, eine freiwillige bessere Anpassung der Verbrauchssituation an die Erzeugersituation.[52] Aus diesem Grund normiert § 61 MsbG das Einsichtsrecht des Verbrauchers deutlich detaillierter, als es datenschutzrechtlich erforderlich wäre. Es ist sicherzustellen, dass dieser die zu seinen Gunsten bestehenden Nutzeneffekte intelligenter Messsysteme voll ausschöpfen kann.[53] Der MSbr hat daher zu gewährleisten, dass die Verbrauchsvisualisierungsmöglichkeiten vom Letztverbraucher auch tatsächlich in Anspruch genommen werden können.[54]

§ 62 MsbG enthält eine ähnlich motivierte Vorschrift für die Betreiber von Anlagen mit alternativen Energien. Sie sichert dem Anlagenbetreiber eine nicht nur system-, sondern auch benutzerfreundliche Installation des Messsystems, indem Visualisierungsvorgaben aufgestellt werden. Zunehmende eigenverbrauchsoptimierte Anlageninstallationen mit dem Ziel einer größtmöglichen »Selbstversorgung« sowie andere Energiemanagementlösungen bedürfen einer informatorischen Rückkoppelung zum »Prosumer«.[55]

3. Kommunikation sonstiger Akteure

§§ 66 bis 70 MsbG normieren die Kommunikation durch die Akteure der Energiewirtschaft bzw. die vom Anschlussnutzer zum Datenbeauftragten. Die Normen regeln jeweils abschließend, für welche Zwecke NB (§ 66 MsbG für beide und § 67 MsbG nur für ÜNB), Bilanzkreisverantwortliche und Energielieferanten die erhaltenen Messwerte verwenden dürfen (und zur Erfüllung ihrer energiewirtschaftlich bedingten Pflichten als NB auch verwenden müssen). Die Vorschriften bilden das Herzstück für einen intelligenten Energienetzbetrieb. Die Normen enthalten auch Vorgaben für die standardmäßig erforderliche Datenkommunikation durch NB, Betreiber von Übertragungsnetzen, Bilanzkreisverantwortliche und Energielieferanten.

4. Weitere Datennutzung

Eine Normierung, die eine jeweils über die ausdrücklich geregelte hinausgehende Verarbeitung nur bei Einwilligung oder bei fehlendem Personenbezug für zulässig erklärt, gibt es für die Datenerhebung, § 59 MsbG, für die Datenübermittlung des MSbrs, § 65 MsbG, und den Datenaustausch der weiteren Beteilig-

---

[52] Kritisch zu § 61 Abs. 2 MsbG, da dieser den Vorbehalt der wirtschaftlichen Vertretbarkeit vorsieht: BT-Drs. 18/7555, S. 5.
[53] Kritisch gegen die 24-Monatsfrist in § 21 Abs. 1 Nr. 2d MsbG und § 61 Abs. 1 Nr. 4 MsbG mit der Forderung der Reduktion auf 12 Monate: BT-Drs. 18/7555, S. 6.
[54] BT-Drs. 18/7555, S. 109.
[55] BT-Drs. 18/7555, S. 109.

ten, § 70 MsbG. Diese Generalklauseln stellen klar, dass die Einwilligung zur weiteren Datenverarbeitung möglich bleibt.[56] Zum Schutz der betroffenen Personen ist Schriftform sowie eine vorherige Belehrung erforderlich (Verweis auf § 4a BDSG). Das erforderliche Mindestmaß der Datenverarbeitung normiert das Gesetz, darüber Hinausgehendes fällt zurück in die Datenhoheit der betroffenen Person.[57] Relevant ist dies für die sog. Mehrwertdienste Gateway. Diese bedürfen stets der Einwilligung nach den Vorschriften dieses Gesetzes.[58] Relevant ist dies vor allem für energiefremde Dienste, die technisch durch die SMGs und rechtlich durch das Mstb ermöglicht werden. Das MsbG (§ 21 Abs. 1 Nr. 4 lit. a MsbG) stellt klar, dass der Einsatz von SMG für die Zwecke der Energieversorgung immer vorrangig bleiben muss.

V. Abschlussnormen

Abschnitt 3 schließlich fasst besondere Fallgruppen zusammen. § 71 MsbG ermöglicht in Übereinstimmung mit der Vorläufernorm (§ 12 Abs. 1 der Messzugangsverordnung) mess- und eichrechtliche Überprüfungen der Messeinrichtungen. § 72 MsbG übernimmt die Pauschalierungsmöglichkeiten bei öffentlichen Verbrauchseinrichtungen. § 73 MsbG enthält Verfahrensfragen bei rechtswidriger Inanspruchnahme von Messeinrichtungen und § 74 MsbG gibt in Form einer Verordnungsermächtigung die Möglichkeit, gegebenenfalls erforderliche Konkretisierungen der Vorschriften in Teil 3 zu erlassen.

C. Rechtssystematische Einordnung in das Datenschutzrecht

I. Verhältnis zum BDSG

Das Verhältnis des BDSG und des MsbG ist im Prinzip einfach zu bestimmen. Beides sind förmliche Gesetze, stehen auf einer Stufe. Ob das MsbG mit dem BDSG konform ist oder nicht, ist vollständig gleichgültig. Die Normen des MsbG sind spezieller i.S.v. § 1 Abs. 3 BDSG und gehen den Regeln des BDSG davon vor.[59] Sofern das MsbG Lücken enthält, greift das BDSG ein, insbesondere bei den Begriffsbestimmungen.

---

[56] Kritisch zur Möglichkeit der Ausweitung der Berechtigten durch Einwilligung: *Lüdemann* (Fn. 6), 346.
[57] BT-Drs. 18/7555, S. 107.
[58] BT-Drs. 18/7555, S. 107.
[59] Sie gehen den allgemeinen Regeln des BDSG vor; *Lüdemann* (Fn. 6), 343.

Wann eine Lücke vorliegt, ist wiederum nicht immer ganz einfach zu bestimmen. So wird etwa beim Verhältnis von MsbG und BDSG die Frage diskutiert, ob die Regelungen zur Auskunft in § 53 MsbG abschließend sind oder nicht.[60] Das Auskunftsrecht entspricht zutreffender Ansicht nach wohl nicht dem datenschutzrechtlichen Informationsanspruch.[61] Nahe liegt die Annahme, dass die Visualisierungsnormen für den Verbraucher neben die Auskunftsansprüche des BDSG treten sollen und nicht an ihre Stelle.[62]

II. Bekannte datenschutzrechtliche Standards

Als bereichsspezifische Datenschutzregelung greift das MsbG einerseits auf bekannte datenschutzrechtliche Strukturen zurück, andererseits setzt es eigene Akzente.

1. Kopplungsverbot

§ 49 Abs. 5 MsbG normiert ein ausdrückliches Verbot, die Energielieferung mit der Abgabe der Einwilligung für weitergehende Datenverarbeitung zu koppeln. Das Kopplungsverbot ist aus dem allgemeinen Datenschutzrecht bekannt, wird aber nur in besonderen Situationen verwendet und ist hier sehr zu begrüßen. Es war bei der Altregelung nicht enthalten und wurde von der Literatur eingefordert.[63]

2. Datenschutz und Technik – Privacy by Design

Der Dreh- und Angelpunkt des MsbG ist die Technik.[64] Das Messstellenbetriebsgesetz enthält detaillierte Vorgaben zu den technischen Voraussetzungen für das intelligente Messsystem und bemüht sich daher in besonderer Weise, ein Konterkarieren des Datenschutzrechtes durch die Technik zu verhindern, dies auf mehreren Ebenen. Die Technik soll ein Funktionieren der intelligenten Messsysteme ermöglichen[65], einen Missbrauch und ein »Entwenden« der Daten verhindern und schließlich ermöglichen, dass möglichst keine rechtlich zu lösenden Datenschutzfragen entstehen. Das MsbG verlangt im Kern, dass sich

---

[60] *Keppeler* (Fn. 11), 102.
[61] *Keppeler* (Fn. 11), 100.
[62] A. A. *Keppeler* (Fn. 11), 99.
[63] *Jandt* (Fn. 28), 101.
[64] *Kowalski* (Fn. 20), 3.
[65] Grundvoraussetzung für digitale Messdatenvernetzung sind die standardisierte, sichere Infrastruktur und die Regelung zum Umgang mit den Daten; *Kowalski* (Fn. 20), 2.

die technischen Voraussetzungen dem Datenschutz anpassen.[66] Damit ist das Gesetz auf der Höhe der Zeit der datenschutzrechtlichen Evolution.
Kern des Schutzes durch Technik ist dabei das BSI. Schutzprofile und technische Richtlinien des BSI stellen sicher, dass Messdaten für den Endempfänger verschlüsselt werden.[67] Sollte das BSI versagen,[68] was eigentlich unmöglich ist, weil es sich um eine deutsche Behörde handelt, fällt das gesamte Schutzsystem des MsbG wie ein Kartenhaus in sich zusammen. Für die Vorgabe der Standards für das SMG als auch für die intelligenten Messgeräte wächst dem BSI auch im Bereich der intelligenten Messsysteme im Energiesektor eine enorme Bedeutung zu. Dies entspricht der allgemeinen Entwicklung. Das BSI hat sich von einer unbekannten Nebenbehörde zum zentralen Player in der Datensicherheit entwickelt. Als Beleg sei über das MsbG hinaus noch das IT-Sicherheitsgesetz genannt.[69]

3. Pseudonymisierung und Anonymisierung

Gem. § 52 Abs. 3 MsbG sind Daten zu pseudonymisieren und zu anonymisieren, sofern dies möglich ist. Die Norm bringt nicht viel mehr als § 3a S. 2 BDSG und wird als nicht strikt genug begriffen. Hier wird zu Recht kritisiert, dass gerade im Bereich der Messstellentechnik dieser Grundsatz enorme Bedeutung hat und daher seine Kraft nicht dadurch entfaltet, dass man den allgemeinen Grundsatz wiederholt, sondern ihn präziser hätte fassen müssen und ggf. auch mit spezifischen Sanktionen hätte versehen müssen.[70]

4. Stufenweises Schutzsystem

Die gesetzliche Regelung ist so ausgestaltet, dass das Gesetz die gesetzliche Grundlage für die Datenverarbeitung in dem Umfang zulässt, den der Gesetzgeber als Mindestumfang gestattet; eine darüber hinausgehende Verwendung bleibt aber möglich und ist vom Gesetz auch gewollt, verlangt dann aber eine autonome Entscheidung der berechtigten Person. Der Datenschutz ist schon immer in diesen Stufen aufgebaut, wie etwa die Unterscheidungen zwischen Daten juristischer Personen/natürlicher Personen/Daten in Akten oder in Dateien (beim privaten Datenschutz)/Daten der Presse oder der Kirchen verdeutlichen.

---

[66] *Cimiano*, NZM 2016, 409, 416.
[67] BT-Drs. 18/7555, S. 108.
[68] Andeutend, dass die Arbeit der BSI hinsichtlich der Datensicherheit nicht ausreicht: *Loew* (Fn. 21), 5.
[69] Vgl. dazu *Wolff*, in: Möstl/Wolff (Hrsg.), IT-Sicherheit als Herausforderung für Wirtschaft und Staat, 2017, S. 83 ff.
[70] BT-Drs. 18/7555, S. 3.

5. Grundsatz der Direkterhebung

Das MsbG bemüht sich, den Grundsatz der Direkterhebung, nach dem die Daten primär beim Betroffenen zu erheben sind, umzusetzen.[71] Das SMG gewährleistet gerade, dass der Datenfluss vom Verbraucher unmittelbar zu der Stelle läuft, die die Daten benötigt.

6. Kontrolle und Offenbarungspflichten beim Verletzungsverdacht

Besteht der Verdacht, dass die Daten unrechtmäßig verwendet werden oder sonst etwas schiefgeht, verpflichtet das MsbG den Mbr vorbehaltlos zur Dokumentation und Meldung an die zuständigen Behörden. Das entspricht allgemeiner Rechtsüberzeugung. Wer pbD verarbeitet hat, muss seine persönlichen Interessen zurückstellen, wenn etwas schiefgeht.

III. Datenschutzrechtliche Besonderheiten

Ungeachtet der Einbettung in das allgemeine Datenschutzrecht enthalten die §§ 49 ff. MsbG auch datenschutzrechtlich eine besondere Struktur, die bemerkenswert ist. Zu nennen sind:

1. Zweckbindung durch Datenkategorien

Das MsbG verwirklicht den Schutz der Zweckbindung, indem es durch das SMG sicherstellt, dass die verantwortliche Stelle die Arten von Daten erhält, die sie für ihre Zwecke benötigt. Ein Zweckbindung, die über eine automatische Auswahl der Datenkategorien läuft, ist keine alltägliche datenschutzrechtliche Konstruktion.

2. Mischsituationen von personenbezogenen Daten und sonstigen Messdaten

Die §§ 49 ff. MsbG sind gekennzeichnet durch den Umstand, dass der Gesetzgeber Vorschriften kombiniert, die nur für pbD gelten, und solche, die für sonstige Daten gelten. Die Gesetzesbegründung geht etwa davon aus, § 49 MsbG greife nur bei Personenbezug,[72] § 50 MsbG wiederum auch bei fehlendem.[73] Häufig ist auch unklar, ob die erfassten Informationen eigentlich pbD sind oder nicht. Die Frage des Personenbezugs von Messdaten erfreut sich ungeteilter

---

[71] *Keppeler* (Fn. 11), 102; a. A. offenbar *Cimiano* (Fn. 65), 416.
[72] BT-Drs. 18/7555, S. 105.
[73] BT-Drs. 18/7555, S. 105.

Anteilnahme.[74] Dies kann deswegen fraglich sein, weil im konkreten Zusammenhang unsicher ist, ob ein Personenbezug herstellbar ist oder nicht. Darüber hinaus kann auch der Anschlussnehmer eine juristische Person sein, die als Anschlussnehmer keine pbD generieren kann.

Man kann versuchen, aus dieser Vagheit der Qualität der vorliegenden Daten dem Gesetzgeber einen Vorwurf zu machen und ihm vorzuhalten, dass er nicht wirklich über die Reichweite des Grundrechtseingriffes entscheiden könne, da er schon unsicher sei über das Vorliegen eines Eingriffes. Eine solche Kritik wäre sachlich nicht berechtigt, da der Gesetzgeber ersichtlich den Fall eines Grundrechtseingriffes vor Augen hatte und diesen hinreichend gesetzlich absichern wollte.

Darüber hinaus ist das Messstellenbetriebsgesetz gerade ein gutes Beispiel für den modernen Datenschutz, bei dem der Sache nach der Datenschutz auch für juristische Personen umzusetzen ist und bei dem gewissermaßen der Persönlichkeitsbezug der Daten etwas relativiert und ihr Informationsgehalt im Wesentlichen als Schutzgut erkannt wird.

3. Interne Gliederung der verantwortlichen Stelle

Weiter leben die datenschutzrechtlichen Bestimmungen davon, dass der Begriff der verarbeiteten Stelle im Sinne des Datenschutzrechtes funktionsbezogen konkretisiert wird. Das Gesetz behandelt den MSbr getrennt vom NB, auch wenn es die gleiche juristische Person ist.[75] In gleicher Weise wird der NB datenschutzrechtlich vom SMG-Administrator getrennt.[76] Die Rolle des SMG-Administrators ist nicht als selbstständige Marktrolle gedacht, sondern nur datenschutzrechtlich zu erklären.[77] Die Datenübermittlung von MSbr, d. h. vom SMG zum NB, wird daher von der Gesetzesregelung als ein rechtfertigungsbedürftiger Vorgang angesehen. Insofern ist die Situation ähnlich wie die Übermittlung von pbD von der Behörde A an die Behörde B. Üblich ist es, im privaten Bereich die verarbeitende Stelle auf die juristische Person zu beziehen und nur innerhalb der Körperschaft zwischen den Behördenstrukturen zu unterscheiden. Das Messstellenbetriebsgesetz übernimmt gewissermaßen die Behördenstruktur auch für den privaten Bereich.

---

[74] *Keppeler* (Fn. 11), 99; *Wiesemann*, MMR 2011, 355, 356.
[75] Ein Auseinanderfallen dieser beiden Stellen ist im Rahmen der Auftragsdatenverarbeitung ohne weiteres möglich, da das Gesetz aber die Auftragsdatenverarbeitung ausdrücklich vorsieht, bedarf der Datenfluss zwischen diesen Stellen keiner selbstständigen datenschutzrechtlichen Rechtfertigung mehr. Selbstverständlich müssen die Voraussetzungen für eine wirksame Auftragsverarbeitung eingehalten werden.
[76] *Wege/Wagner* (Fn. 3), 8.
[77] Vgl. *Lange/Möllnitz* (Fn. 2), 449.

4. Betonung des abschließenden Charakters

Bemerkenswert ist die in § 49 Abs. 1 S. 2 MsbG vorgesehene *Abschottungsklausel*, nach der eine Datenverarbeitung über § 49 MsbG hinaus unzulässig ist.

Da der parlamentarische Gesetzgeber sich grundsätzlich für die Zukunft nicht selbst binden kann, hat diese Bekräftigung eine beschränkte Wirkung. Sie greift nur über den Grundsatz lex specialis derogat legi generali. Die allgemeinen Weitergabevorschriften im Rahmen der staatlichen Sicherheit und der Steuer genügen daher nicht, um auf die von § 49 Abs. 1 MsbG geschützten Daten zuzugreifen. Dagegen wäre ein Gesetzgeber, der ausdrücklich den Zugriff auf die Daten des Messstellenbetriebsgesetzes normiert, durch § 49 MsbG nicht gebunden.

D. Der Eingriff in das Recht auf informationelle Selbstbestimmung

I. Die Schutzgewährleistung

Das RiS ist einmal auf verfassungsrechtlicher Ebene ungeschrieben im Grundgesetz als Ausprägung des allgemeinen Persönlichkeitsrechts garantiert und zum anderen unter dem Namen Schutz pbD in Art. 8 Europäische Grundrechte-Charta (GRCh). Die Grundrechte des Grundgesetzes gelten gemäß Art. 1 Abs. 3 GG für die deutsche Staatsgewalt, d. h. auch für den Gesetzgeber, teleologisch reduziert aber nur in dem Bereich, in dem der deutsche Gesetzgeber Gestaltungsspielraum hat. Setzt er zwingendes Unionsrecht um, fehlt ihm aufgrund des ungeschriebenen Anwendungsvorrangs ein Gestaltungsspielraum, sodass insofern die Grundrechte nicht eingreifen. Die europäischen Grundrechte greifen gemäß Art. 51 Abs. 1 S. 1 GRCh unter anderem für die Mitgliedsstaaten, sofern sie Recht der Union durchführen. Das »Roll-Out« der intelligenten Messsysteme setzt eine unionsrechtliche Pflicht um, die den Mitgliedsstaaten breiten Gestaltungsspielraum lässt. In der Situation, dass das Unionsrecht das Ziel vorgibt und erheblichen Gestaltungspielraum einräumt, sind, zutreffender Einschätzung nach, sowohl das Unionsgrundrecht als auch die nationalen Grundrechte vom ausführenden deutschen Gesetzgeber zu beachten. In den Bereichen, in denen es um die intelligenten Messsysteme geht, unterliegt der Gesetzgeber bei Erlass des Messstellenbetriebsgesetzes folglich einer doppelten Grundrechtsbindung. Im Bereich der einfachen und der modernen Messsysteme unterliegt er nur den Grundrechten des Grundgesetzes. Da die Maßstäbe des RiS und Art. 8 GRCh weitgehend strukturgleich sind, bedarf es einer Differenzierung nur dann, wenn Abweichungen vorliegen, im Zweifel gilt die primäre Orientierung an Art. 8 GRCh.

Nach dem sich deckenden Schutzgehalt der Grundrechte kann grundsätzlich jeder über die Preisgabe seiner pbD bestimmen. Eingriffe bedürfen einer Rechtfertigung und diese muss die weitere Verarbeitung auf bestimmte Zwecke und auf eine faire Form begrenzen. Verfahrenssicherungen und Kontrollmöglichkeiten sind vorzusehen. Geschützt ist grundsätzlich jedes Datum, auch das belanglose, die Schutzintensität ist aber abhängig von der Bedeutung des Datums. Diese wird gebildet durch den Persönlichkeitsbezug, die Verarbeitungsmöglichkeiten und die Missbrauchsgefahren.

II. Die Frage der grundrechtlichen Bewertung

1. Eingriffsbegriff

Jede gezielte Verarbeitung pbD, die nicht von einer Einwilligung gedeckt ist und nicht sozialadäquat bedingt ist, ist grundsätzlich ein Eingriff. Im privaten Bereich lässt sich über das Vorliegen eines Eingriffs streiten, wenn Daten im Zusammenhang mit Verträgen verarbeitet werden. Diese Überlegungen greifen hier aber nicht. Werden Verbrauchsdaten natürlicher Personen über intelligente Messeinheiten erhoben, verwendet, weiter aufbereitet, ausgewertet und in sonstiger Weise genutzt, handelt es sich um einen Eingriff in das RiS, sofern die Daten einer bestimmten Person mit zumutbarem Aufwand zugerechnet werden können. Diese Konstellation ist zumindest nicht auszuschließen, wenn sie auch nicht bei allen Datenflüssen vorliegen wird. Die Vorstellung, ein Eingriff könne verneint werden, weil der Anschlussnutzer freiwillig einen Energielieferungsvertrag und einen Messstellenvertrag eingeht, wäre kaum vertretbar, weil es an der Freiwilligkeit des Vertragsschlusses hinsichtlich der Energielieferung fehlt.

2. Eingriffsgewichtung

Der Eingriff durch die Erhebung pbD durch intelligente Messgeräte kann schwer wiegen. Es gehört seit der Entscheidung des Bundesverfassungsgerichts zum Volkszählungsurteil zu einem liebgewonnenen Ritual der Datenschützer, bei der elektronischen Datenverarbeitung auf mögliche Gefahrenszenarien hinzuweisen, wobei üblicherweise die Offenlegung kriminellster Energien beim Verantwortlichen als modellbildend dient. Gerne wird auch dabei vom Duktus, Tonfall und Habitus her der Anspruch erhoben, der Einzige zu sein, der Realität zu erkennen vermag. Angesichts der nun über Jahrzehnte dauernden Dauerdramatisierung nimmt das Schockpotenzial von Schilderungen solcher Art naturgemäß ab. Trotz dieses Befundes ist es im Zusammenhang des Messstellenbetriebsgesetzes unerlässlich, auf das enorme Gefahrenpotenzial, das im Zusammenhang mit den generierten Daten steht, hinzuweisen. Das Gefahrenpotenzial beruht dabei auf folgenden Umständen:

– Die über die Zeitschiene abgebildeten Verbrauchsdaten lassen sowohl im Einzel- als auch im Typen- und Gesamtvergleich personenrelevante Aussagen des Anschlussnutzers zu; die durch einen Smart-Meter erhobenen technischen Daten lassen potenziell viele Details über die Lebensgewohnheiten von Betroffenen ermittelbar werden.[78] Möglich sind zeitlich hochaufgelöste und gerätegenaue Nutzungsprofile.[79] So heißt es: Es lässt sich feststellen, wann der Nutzer aufsteht oder zu Bett geht, zu welchen Zeiten er duscht oder badet und wie häufig welche Elektrogeräte genutzt werden. Aber auch die anfallenden Stamm- und Netzzustandsdaten können einen Personenbezug aufweisen. Kumuliert lassen sich umfangreiche Personen- und Verhaltensprofile erstellen.[80]

– Darüber hinaus wird die Schwere des Eingriffs auch durch die hohe Verknüpfungsmöglichkeit und Verwendungsmöglichkeiten der Daten gebildet.
– Weiter kann es sein, dass die Daten von MSbr erhoben werden, die der Anschlussnutzer selbst sich nicht ausgesucht hat, da er ggf. als Mieter von der Anschlusswahl seines Vermieters abhängig ist.[81]
– Die Technik des SMG kann dabei deutlich mehr als zur Umsetzung der gesetzgeberischen Ziele notwendig sein (»überschießende technische Kapazität«).
– Die Technik wird bewusst eingesetzt für einen offenen Vorgang; die Art und Weise der Steuerung der Energiemärkte, die durch das intelligente Messsystem ermöglicht wird, soll nicht auf dem gegenwärtigen Stand stehen bleiben (Intransparenz der Datenerhebung und des Datenflusses).[82]
– Die Messtechnik verlangt ein Kommunikationssystem, das aufgrund seiner Flächenbreite höchst anfällig ist. Weiter wird eine hohe Gefahr der missbräuchlichen Verwendung angeführt.[83] Der erzielte Detaillierungsgrad birgt ein hohes Ausforschungsrisiko.[84]
– Der Sache nach wird ein System miteinander kommunizierender Computer aufgebaut, das bis in die Wohnbereiche hineinreicht, von wenigen beherrscht wird und im Missbrauchsfalle einen schwer abzuschätzenden Schaden anrichten kann.
– Die Belastung für die informationelle Selbstbestimmung ist vom Ergebnis her deutlich geringer als über die Smartphones, allerdings ist die Ausweichbarkeit für den Einzelnen deutlich geringer.

---

[78] *Keppeler* (Fn. 11), 99.
[79] BT-Drs. 18/7555, S. 2; *Reiners* (Fn. 1), 53; *Lüdemann* (Fn. 6), 343; *Wiesemann* (Fn. 73), 356.
[80] *Lüdemann* (Fn. 6), 343.
[81] Dieser Umstand bestätigt nur, dass ein Eingriff in das RiS vorliegt, macht diesen aber nicht per se unverhältnismäßig. Offenlassend *Schäfer* (Fn. 14), 351.
[82] *Weichert*, Stellungnahme zum Gesetzentwurf der Bundesregierung, BR-Drs. 343/11 vom 11.06.2011; *Lüdemann* (Fn. 6), 343.
[83] *Lüdemann* (Fn. 6), 343.
[84] BT-Drs. 18/7555, S. 2.

III. Eingriffsrechtfertigung

1. Gesetzliche Grundlage

Der Eingriff bedürfte demnach einer gesetzlichen Rechtfertigung. Der Gesetzgeber hat sich im Messstellenbetriebsgesetz bemüht, eine detaillierte gesetzliche Eingriffsgrundlage zu schaffen.

2. Verhältnismäßigkeit

Die gesetzliche Grundlage muss verhältnismäßig sein, d. h. sie muss zum Zwecke eines Gemeinwohlzweckes erforderlich sein und zur Erreichung des Zieles geeignet, erforderlich und verhältnismäßig sein.

Die Einführung der intelligenten Messtechnik verfolgt, wie oben dargelegt, verschiedene Ziele, insbesondere die bessere Koordination der Einspeisung von Stromerzeugung aus Anlagen erneuerbarer Energien, die Steuerung des Stromverbrauches abhängig von den Zyklen der Stromherstellung, die Beseitigung von unbemerkten unnötigen Verbrauchsformen und die erhöhte Berechenbarkeit und Stabilität der Energieversorgung insgesamt. Es ist unmittelbar einleuchtend, dass die Verfügbarkeit genauerer Verbrauchsinformationen, und insbesondere die Kommunikationsmöglichkeit von Messeinheiten zu zentralen Messstellen, insgesamt die Energienutzung effizienter gestalten kann.[85] Es besteht kein ernsthafter Zweifel, dass dieses Ziel vom Bundesverfassungsgericht grundsätzlich als ausreichender Legitimationsgrund für den Umfang und vom EuGH akzeptiert werden würde.

3. Verfahrensrechtliche Ausgestaltung

Weiter sind Vorschriften zur Datensicherheit, zur Kontrollmöglichkeit und zur verfahrensrechtlichen Ausgestaltung erforderlich. Das Messstellenbetriebsgesetz bemüht sich, einen hohen Standard technischer Sicherheit zu gewährleisten und begrenzt die Datenverwendung durch eine Vielzahl von Bestimmungen. Vorbehaltlich einer Betrachtung von Einzelaspekten dürfte daher an der grundsätzlichen Verfassungskonformität bzw. Grundrechtskonformität der Regelung kein Zweifel bestehen.

4. Einzelfragen

Unabhängig von der generellen Verhältnismäßigkeit des Eingriffes bestehen bei der Regelung des Messstellenbetriebsgesetzes gewisse grundrechtliche Probleme.

---
[85] *Säcker*, EnWZ 2016, 294, 297.

a) Zweckbindung – mitsamt Verbot der Vorratsdatenspeicherung

aa) Der Maßstab

Art. 8 GRCh normiert ausdrücklich eine Zweckbindung erhobener Daten, beim RiS ergibt er sich mittelbar aus Recht selbst.[86] Der Zweckbindungsgrundsatz ist dasjenige Datenschutzprinzip, das den Datenschutz von anderen Rechtsgebieten deutlich trennt. Er gibt dem Datenschutz sein eigenes Gepräge. Die Heraushebung und Herausarbeitung dieses Prinzips war eine der besonderen Leistungen des Volkszählungsurteils des BVerfG. Der Zweckbindungsgrundsatz besagt: PbD dürfen nur für den Zweck verwendet werden, für den sie rechtmäßig erhoben wurden. Zweckentfremdungen sind daher bei entsprechender rechtlicher Rechtfertigung möglich, aber auch nur dann.

Das Motiv des Zweckbindungsgrundsatzes besteht in einer Eingrenzung der Verwendung pbD. Wegen des Zweckbindungsgrundsatzes ist eine Datenverarbeitung nur erlaubt, wenn für sie ein Zweck besteht und nur soweit, wie sie der Zweckerreichung dient. Fehlt ein Zweck, ist die Datenspeicherung nicht gestattet. Die Informationserhebung und -verwendung ist auf den Zweck festgelegt, auf den sich die Rechtsgrundlage bezieht. Der Zweckbindungsgrundsatz knüpft an eine Zweckbestimmung an und bindet die Daten an diese.

Aus dem Grundsatz der Zweckbindung folgt eine eingeschränkte Zulässigkeit der Vorratsdatenspeicherung. Daten dürfen von vornherein nur zu bestimmten, bereichsspezifischen, präzise und normenklar festgelegten Zwecken gespeichert werden, sodass bereits bei der Speicherung hinreichend gewährleistet ist, dass die Daten nur für solche Zwecke verwendet werden, die das Gewicht der Datenspeicherung rechtfertigen. Eine Speicherung kann nicht als solche abstrakt gerechtfertigt werden, sondern nur insoweit, als sie hinreichend gewichtigen, konkret benannten Zwecken dient. Demgegenüber ist es unzulässig, unabhängig von solchen Zweckbestimmungen einen Datenpool auf Vorrat zu schaffen, dessen Nutzung je nach Bedarf und politischem Ermessen der späteren Entscheidung verschiedener staatlicher Instanzen überlassen bleibt. In einem solchen Fall könnte die Verfassungsmäßigkeit der Speicherung mangels hinreichend vorhersehbarer und begrenzter Zwecke zum Zeitpunkt des in der Speicherung liegenden Eingriffs noch nicht beurteilt werden.[87] Eine Vorratsdatenspeicherung zur Strafverfolgung, eingegrenzt auf eine überschaubare Zeitspanne, verfahrensrechtlich eingegrenzt und unter hohe Hürden gestellt, hat das BVerfG demgegenüber nicht als Verstoß gegen die Vorratsdatenspeicherung verstanden.[88]

Das Verbot der Vorratsdatenspeicherung ist eine strikte Ausprägung des allgemeinen Gebots der Datensparsamkeit.

---

[86] BVerfGE 65, 1, 46.
[87] BVerfG, Urt. v. 02.03.2010, 1 BvR 256/08 u. a. (Vorratsdatenspeicherung), juris Rn. 266.
[88] BVerfG, Urt. v. 02.03.2010, 1 BvR 256/08 u. a. (Vorratsdatenspeicherung), juris Rn. 215.

bb) Anwendung dieses Maßstabs auf den vorliegenden Fall
Das MsbG hat im Bereich der Datensparsamkeit und im Bereich der Vorratsdatenspeicherung strukturell ein Problem.[89] Das intelligente Messsystem ist strukturell in der Lage und gerade darauf angelegt, mehr Daten zu erheben, als die Verantwortlichen für ihre Zwecke benötigen. Diese Datensätze sollen gerade dazu dienen, intelligente Systeme zu entwickeln, die das Energiesystem verbessern und daher erst künftig konkret für die Vertragsabwicklung erforderlich sind. Die Besonderheit des Messstellenbetriebsgesetzes liegt darin, dass zum einen eine Infrastruktur geschaffen wird, die deutlich mehr kann, als man gegenwärtig bedarf, und dass darüber hinaus Daten erhoben werden, von denen nicht alle für die gegenwärtigen verfolgten Zwecke benötigt werden. So werden etwa bei Kleinverbrauchern unter 10.000 kW im Jahr dreimonatige Daten erhoben, diese aber nur in Jahreszyklen für die Abrechnung weitergegeben. Der Smart-Meter erhebt den Datenverbrauch gemessen an der Zeitschiene. Diese Aufschlüsselung an der Zeit wird teilweise nicht verwertet, weil die Daten dann wieder unspezifischer weitergegeben werden, als sie erhoben werden. Man kann daher durchaus davon sprechen, dass im Moment der Erhebung mehr erhoben wird und differenziert erhoben wird, als später verwendet wird. Die Speicherung von Nutzungsdaten zwecks Entwicklung neuer Versorgungsmodelle im Strombereich ist von den bisher entschiedenen Fallkonstellationen der Vorratsdatenspeicherung weit entfernt. Verfassungsrechtlich sind die Maßstäbe dennoch vergleichbar.

Die Frage ist, ob der überschießende Teil der Datenerhebung noch für einen hinreichend konkretisierten, in naher Zukunft zu erwartenden Verwendungszweck gerechtfertigt ist. Der bessere Datenbefund dient daher auch der Entwicklung neuer Modelle. Die Schwierigkeit besteht darin, dass man ohne genaues Detailwissen das Ausmaß der vorhandenen Vorratsdatenspeicherung schwer abschätzen kann. Unter diesem Vorbehalt gilt, dem die überschießende Tendenz der Datenerhebung durch die intelligenten Messsysteme sich im verfassungsrechtlichen Rahmen bewegen dürfte und zwar aus folgenden Gründen:

- der überschießende Teil darf ersichtlich nur für die Energieversorgung verwendet werden, d. h. einem überragend wichtigen Gemeinschaftsgut dienen;
- überwiegend wird die Verwendung des überschießenden Teils in anonymisierter Form den Zwecken völlig ausreichen;
- sofern die Daten nicht strukturell erhoben werden, liegt bei dem überschießenden Teil ein ähnlicher Zweck vor wie bei der Aufstellung von statistischem Material oder der Aufstellung von wissenschaftlichen Zwecken;

---

[89] Zutreffend sieht *Lüdemann* (Fn. 6), 343 daher eine Gefahr der Missachtung des Zweckbindungsgrundsatzes; Bedenken aus dem Gesichtspunkt der Datensparsamkeit auch bei *Cimiano* (Fn. 66), 416.

- die Entwicklung neuer Versorgungsmodelle trägt in gewisser Form wissenschaftliche Züge;
- die Zweckbindung selbst ist eine zu konkretisierende Vorgabe und der parlamentarische Gesetzgeber höchstpersönlich hat entschieden, diesen überschießenden Teil zu wollen;
- es scheint sichergestellt zu sein, dass der überschießende Teil im SMG verbleibt.

Insgesamt wird man bei gegenwärtigem Wissenstand daher davon ausgehen können, dass die überschießende Erhebung durch das Messstellenbetriebsgesetz wohl dem Grundsatz der Vorratsdatenspeicherung genügen dürfte.

b) Erforderlichkeit

Ähnlich ist die Lage beim Grundsatz der Erforderlichkeit. Der Grundsatz der Erforderlichkeit ist aus dem RiS i.V.m dem Grundsatz der Verhältnismäßigkeit herzuleiten. Er findet sich zudem in der Datenschutzrichtlinie (vgl. Art. 6 Abs. 1 lit. c RL 95/46 EG und Art. 5 VO 2016/679 [DS-GVO]). Nach der Erforderlichkeit gilt: Eine Datenverarbeitung pbD ist nur soweit zulässig, wie diese zur Erreichung des Zweckes notwendig ist. Der Grundsatz der Erforderlichkeit setzt eine rechtmäßige Datenverarbeitung und eine rechtmäßige Zweckbestimmung der Datenverarbeitung voraus und grenzt diese noch einmal ein. Er ist entwickelt worden für Datenverarbeitungen, die sich auf Rechtsnormen stützen.

aa) Geltung auch bei der Einwilligung

Inwieweit der Grundsatz der Erforderlichkeit auch für Datenverarbeitungen auf der Grundlage einer Einwilligung gilt, ist nicht ganz klar. Es liegt die Annahme nahe, der Betroffene könne mit seiner Einwilligung auch nicht erforderliche Datenverarbeitungen rechtlich legitimieren. Legt man dies zugrunde, gilt der Grundsatz der Erforderlichkeit bei der Einwilligung daher vor allem als Auslegungsprinzip für die Reichweite der Einwilligung. Soll diese auch nicht erforderliche Datenverarbeitungen gestatten, muss dies in der Einwilligung hinreichend deutlich zum Ausdruck kommen. Im AGB-Recht wird man daher kaum eine Grundlage für nicht erforderliche Datenverarbeitungen zulassen können.

Diese Frage wird relevant bei § 50 MsbG, da dieser den Grundsatz der Erforderlichkeit ausschließlich auf den Halbsatz 2 und nicht auf die Fallgruppe der Einwilligung bezieht. Dies ist zwar mit Art. 6 Abs. 1 lit. a und lit. b bis f DS-GVO zu vereinbaren, birgt aber die Gefahr, dass der Grundsatz der Datenminimierung gemäß Artikel 5 Abs. 1 lit. c DS-GVO, der auch für die Einwilligung gilt, übersehen wird.

bb) Übertragung
Mangels technischer Detailkenntnis kann nicht entschieden werden, ob im Bereich der Datenübertragung der Grundsatz der Erforderlichkeit eingehalten wird oder nicht. In der Literatur wird bemängelt, dass im Rahmen des Netzmanagements und der Bilanzierung mehr Daten übertragen werden als notwendig.[90] Hier dürften im Ergebnis aber die gleichen Überlegungen für die Verfassungsmäßigkeit greifen wie im Zusammenhang mit der Zweckbindung.

c) Bestimmtheitsgebot
In Grundrechte eingreifende Regelungen müssen so bestimmt sein, dass klar ist, welche Eingriffe erlaubt sind. Die Normen des Messstellenbetriebsgesetzes sind sehr detailliert und sehr genau. Dies ist unter Bestimmtheitsgrundsätzen grundsätzlich zu begrüßen. Es führt aber dazu, dass der Sinn einzelner Normen nicht immer ganz zu verstehen ist. Die §§ 49 ff. MsbG werfen unter diesem Gesichtspunkt Probleme auf, aber nicht, weil sie zu unbestimmt sind, sondern weil sie so bestimmt sind, dass man nicht immer erkennen kann, was gemeint ist.[91] Die gesetzliche Regelung bemüht sich in hohem Maße, genau zu bestimmen, wer welche Daten zu welchem Zweck verarbeiten darf. Die Regelung ist dabei für einen Laien schwer nachzuvollziehen, dies ändert aber nichts daran, dass sie für den Kundigen eine hohe Bestimmtheit ermöglicht. Als Datenschützer mit beschränkten energierechtlichen Kenntnissen hat man Sorgen, ob wirklich durch die starren Regelungen alle Verarbeitungsfälle erfasst werden.[92] Da die Regelung aber zum großen Teil auf bekannte Regelungsstrukturen zurückgreift, ist davon auszugehen, dass der Gesetzgeber wusste, was er tat.
1. Problem: Gem. § 53 Abs. 2 MsbG am Ende gilt § 42a BDSG analog für den Fall der Datenpanne. Man fragt sich, weswegen nicht § 52a BDSG unmittelbar gilt. Für den MSbr ist die verantwortliche Stelle im BDSG. Die Datenpanne kann pbD erfassen. Die Antwort wird wohl lauten, dass § 53 Abs. 2 MsbG auch für den Fall gilt, dass die Datenpanne sich nicht auf pbD bezieht sondern auch auf sonstige Daten, sodass für den Fall, dass pbD betroffen sind, § 42a BDSG unmittelbar gelten wird.
2. Problem: Ein weiteres spezielles Problem bildet das Verhältnis der generellen Datenverarbeitungsgrundlage in § 50 MsbG zu den speziellen Verarbeitungsnormen der §§ 60 ff. MsbG. Es bleibt unklar, welche Bedeutung die allgemeine Klausel besitzt. Diese Unklarheit können die §§ 60 ff. MsbG in ihrem normativen Anspruch mindern.

---

[90] *Lüdemann* (Fn. 6), 346.
[91] Daher fordert die Literatur zum Teil die Tatbestände als Regelbeispiele auszugestalten, *Weyand* (Fn. 20), S. 21.
[92] Schon der Vorgängerregelung wurde der Vorwurf der Unübersichtlichkeit der Regelung entgegengewandt, *Jandt* (Fn. 28), 102. Für die Neuregelung gilt dies in gleicher Weise.

3. Problem: § 50 Abs. 2 MsbG zählt zulässige Verarbeitungszwecke auf und verweist dabei auf § 50 Abs. 1 MsbG. Das ist unverständlich. § 50 Abs. 1 MsbG nennt Rechtfertigungsgründe, aber keine Erhebungszwecke.[93] Der Verarbeitungszweck gem. Art. 5 Abs. 1 lit. b) DS-GVO einerseits und die Rechtfertigung der Verarbeitung gem. Art. 6 Abs. 1 DS-GVO andererseits sind rechtlich zu trennen. Für die Qualifizierung einer Verfassungswidrigkeit dürfte diese Unstimmigkeit aber noch nicht genügen.

d) Fehlende Information

Bemängelt wird ein Fehlen der Information des MSbrs gegenüber dem Verbraucher hinsichtlich des Verbleibs und der weiteren Nutzung seiner Daten.[94] Sollte es hier zu verfassungsrechtlichen Problemen kommen, könnte man auf die allgemeinen Normen des BDSG zur Auskunft zurückgreifen.

E. Verhältnis zur Europäischen Datenschutzgrundverordnung

I. Künftiges Problem

Das Messstellenbetriebsgesetz wurde zu einem Zeitpunkt erlassen, in dem das Datenschutzrecht sich im Umbruch befand. Das Gesetz hat sich dies nicht selbst ausgesucht. Das Gesetz orientiert sich in der Formulierung und in der Struktur am alten Bundesdatenschutzgesetz und der Europäischen Datenschutzrichtlinie. Dagegen ist grundsätzlich nichts einzuwenden. Ab Mai 2018 müssen aber alle mitgliedsstaatlichen Datenschutzregelungen innerhalb des Anwendungsbereiches der DS-GVO deren Vorgaben entsprechen. Es liegt daher nahe, das MsbG auch schon am Maßstab der DS-GVO zu messen.[95] Unstreitig dürfte sein, dass die Datenverarbeitung, sofern sie sich auf pbD bezieht, was nicht völlig ausgeschlossen ist, unter den Anwendungsbereich der DS-GVO fällt.[96]

II. Die Suche nach der richtigen Öffnungsklausel

Misst man die Normen der §§ 49 ff. MsbG an diesem künftigen Maßstab, stellt sich vor allem die Frage, ob der deutsche Gesetzgeber diese Regeln noch erlassen darf. Angesichts des Verordnungscharakters bedürften die Mitgliedsstaaten innerhalb des Anwendungsbereiches der DS-GVO einer europarechtlichen

---

[93] A. A. ohne Begründung BT-Drs. 18/7555, S. 2.
[94] So schon zur Vorgängerregelung *Jandt* (Fn. 28), 103.
[95] Ein Abgleich mit der DS-GVO wird gefordert von *Weyand* (Fn. 20), S. 6 und S. 21.
[96] *Keppeler* (Fn. 11), 104 f.

Rechtfertigung für den Erlass bereichsspezifischen Datenschutzes. Die Grundverordnung ist durch eine ganze Reihe von sogenannten Öffnungsklauseln durchsetzt, die den Erlass mitgliedsstaatlichen Rechtes weiterhin gestatten. Greift eine solche Öffnungsklausel, geht die Verordnung von einem großzügigen Recht der Mitgliedsstaaten aus, Teile dieser Verordnung in ihr nationales Recht aufzunehmen und, soweit es erforderlich ist, die Kohärenz zu wahren (Erwägungsgrund 8).

Dieses Problem wird in der Literatur teilweise gesehen und als Lösung wird Art. 83 Abs. 3 DS-GVO vorgeschlagen.[97] Dies dürfte aber nicht möglich sein, da die Norm nur für die Verarbeitung von im öffentlichen Interesse liegenden Archivzwecken greift. Dazu gehört die Verarbeitung durch intelligente Messsysteme nicht.

Als denkbare Öffnungsklausel könnte im vorliegenden Fall Artikel 6 Abs. 3 der Verordnung eingreifen. Die Regelung nimmt Bezug auf die Rechtfertigungsgründe von Artikel 6 Abs. 1 lit. e und c. Die beiden Rechtfertigungsgründe lauten:

Artikel 6 – Rechtmäßigkeit der Verarbeitung
(1) Die Verarbeitung ist nur rechtmäßig, wenn mindestens eine der nachstehenden Bedingungen erfüllt ist:
c) die Verarbeitung ist zur Erfüllung einer rechtlichen Verpflichtung erforderlich, der der Verantwortliche unterliegt;
e) die Verarbeitung ist für die Wahrnehmung einer Aufgabe erforderlich, die im öffentlichen Interesse liegt oder in Ausübung öffentlicher Gewalt erfolgt, die dem Verantwortlichen übertragen wurde;

Nach Abs. 3 wird die Rechtsgrundlage für die Verarbeitungen gemäß Abs. 1 lit. c und e durch Unionsrecht festgelegt oder gemäß lit. b durch das Recht der Mitgliedstaaten, dem der Verantwortliche unterliegt. Dabei muss der Zweck der Verarbeitung in dieser Rechtsgrundlage festgelegt oder hinsichtlich der Verarbeitung gemäß Abs. 1 lit. e) für die Erfüllung einer relevanten Aufgabe erforderlich sein, die im öffentlichen Interesse liegt oder in Ausübung öffentlicher Gewalt erfolgt, die dem Verantwortlichen übertragen wurde. Dabei kann die Rechtsgrundlage spezifische Bestimmungen zur Anpassung der Anwendung der Vorschriften dieser DS-GVO enthalten.

Die Datenschutzregeln für den MSbr könnten als rechtliche Pflichten zu verstehen sein, zu deren Verfolgung er gem. Art. 6 Abs. 1 lit. c DS-GVO die erforderlichen Daten verarbeiten darf. Ganz eindeutig ist eine solche Einordnung allerdings nicht, da im vorliegenden Fall die rechtliche Pflicht und die Datenverarbeitung in einer Pflicht zusammenfielen. Dies schließt Art. 6 Abs. 3 DS-GVO aber nicht aus. Entscheidendes Merkmal der Verarbeitung zur Erfüllung von rechtlichen Pflichten ist, dass die Pflicht für den Privaten zwingend ist. Für die-

---
[97] *Keppeler* (Fn. 11), 105.

jenigen, die eine Messstelle betreiben, sind die Vorgaben der §§ 49 ff. MsbG zwingend, sodass eine Berufung auf diese Fallgruppe möglich wäre. Hilfsweise wäre auch die Auferlegung einer Aufgabe von öffentlichen Interessen zu erwägen. Einen Unterschied würde dies bei den Varianten bilden, in denen das MSbG den MSbr zur Datenverarbeitung berechtigt, aber nicht verpflichtet. Sollte es einen solchen Fall geben, würde Art. 6 Abs. 1 lit. c DS-GVO nicht helfen und es wäre auf Art. 6 Abs. 1 lit. e) DS-GVO abzustellen.

Liegt eine rechtliche Pflicht vor, darf der nationale Gesetzgeber die Datenverarbeitung insofern weiterregeln, als er »die Anwendung der Vorschriften der DS-GVO anpasst«. In der Praxis ist damit die Konkretisierung von datenschutzrechtlichen Bestimmungen der DS-GVO in einer Weise, wie sie auch im Wege der Interpretation aus der DS-GVO gewinnbar wären, gemeint. Im Bereich der Datenerhebung stellt sich aus diesem Gesichtspunkt unionsrechtlich dann das gleiche Problem der Vorratsdatenspeicherung oder der mangelnden Datensparsamkeit. Da das Unionsrecht aber selbst das Roll-Out wünscht und der überschießende Teil der Datenerhebung gerade in der Ratio dieses Roll-Outs liegt, wird man insofern eine Vereinbarkeit annehmen müssen.

III. Informationsrecht gem. Art. 17 DS-GVO

Das MsbG selbst stellt nicht die Informationspflichten des Art. 17 DS-GVO, d.h. die Auskunftsrechte, sicher.[98] §§ 49 ff. MsbG formulieren die Auskunftsrechte des Verbrauchers spezifisch für den Fall der Messdaten. Es ist nicht ausgeschlossen, dass auf diese Weise die Rechte auf Auskunft, Berichtigung und Löschung durch die DS-GVO modifiziert werden. Nach der hier vertretenen Ansicht ist der Rückgriff auf die allgemeinen Auskunftsansprüche aber nicht gesperrt. Für den Fall, dass die Normen des MsbG abschließend sein sollen, wäre dies jedoch über Art. 23 Abs. 1 lit. c DS-GVO wohl zu rechtfertigen, der eine selbstständige Regelung der betroffenen Rechte grundsätzlich zulässt.[99]

IV. Einzelfragen

Das Verhältnis von nationalen Sondervorschriften zu der DS-GVO spielt auch im Bereich der Sanktionen eine Rolle. Das Recht der Mitgliedsstaaten ist nicht berechtigt, das Sanktionssystem der DS-GVO abzumildern; Verletzungen gegen Bestimmungen des MsbG, die zugleich Verletzungen der Bestimmungen

---

[98] *Keppeler* (Fn. 11), 105.
[99] *Keppeler* (Fn. 11), 105.

der DS-GVO darstellen, müssten daher auch nach dem Ordnungswidrigkeitssystem der DS-GVO geahndet werden können.

§ 49 Abs. 1 Satz 2 MsbG schränkt die Weitergabe der Daten auch in den Fällen ein, in denen das Unionsrecht die Weitergabe als einen Fall der kompatiblen Zwecknutzung im Sinne von Art. 5 Abs. 1 b) DS-GVO verstehen würde. Da Art. 6 Abs. 3 GVO die Einschränkung der Offenlegung durch das nationale Recht aber ausdrücklich zulässt, wird man diese einschränkende Weitergabe für zulässig halten können.

Weiter verwenden die Normen den alten differenzierten Verarbeitungsbegriff des BDSG (vgl. nur § 49 MsbG). Die Verordnung kennt nur noch einen weiten Verarbeitungsbegriff. Es ist nicht ausgeschlossen, dass im Rahmen der konkretisierenden Vorgaben spezielle Vorgaben für bestimmte Arten von Verarbeitung im nationalen Recht vorgesehen sind, nicht möglich dürfte es aber sein, anstelle des weiten Verarbeitungsbegriffes die Aufzählung der einzelnen nationalen Unterbegriffe zu setzen. Dies ist aber bei § 50 Abs. 1 der Fall.

§ 50 Abs. 1 HS 2 MsbG wiederholt die Rechtfertigungsgründe gem. Art. 6 Abs. 1 lit. b, c, e Variante 2 DS-GVO. Die Wiederholung der Rechtfertigungsgründe des Art. 6 Abs. 1 lit. c und lit. e DS-GVO lässt sich mit dem Wortlaut von Art. 6 Abs. 3 DS-GVO vereinbaren. Auch der Bund wiederholt in dem Entwurf seines BDSG § 6 Abs. 1 lit. e) DS-GVO und verweist dafür auf den Wortlaut von Art. 6 Abs. 3 DS-GVO. Die Wiederholung der Fallgruppe des Art. 6 Abs. 1 lit. b DS-GVO, das heißt § 50 Abs. 1 HS 2 Nr. 1 und Nr. 2 MsbG, ist dagegen nicht mit der Verordnung zu vereinbaren.

V. Schluss

Das MsbG ist ein bereichsspezifisches Datenschutzgesetz, das Datenschutz vor allem durch technische Ausgestaltung erreichen will und viel Wert auf eine technisch saubere Ausgestaltung der Zweckbindung legt. Es ist aber großzügig im Bereich der Datensparsamkeit, weil es gerade eine Datenbasis für intelligente Steuerung des Energiemarktes und die Entwicklung neuer Lösungsstrategien bilden will. Eine abschließende Bewertung wird man erst nach einer gewissen »Praxisphase« treffen können. Bei abstrakter Betrachtung scheint das Gesetz den unionsrechtlichen und den verfassungsrechtlichen, datenschutzrechtlichen Rahmen zumindest nicht evident zu überschreiten.

Ich bedanke mich für ihre Aufmerksamkeit.

Literatur

Bagner, Tim, für den Deutschen Städtetag, Stellungnahme vom 8. April 2016, S. 2, abrufbar unter: https://www.bundestag.de/blob/417644/8b4411a842651877d616ef4e39cb7d3d/stgn_bagner_deutscher_staedtetag-data.pdf

Bundesbeauftragte für den Datenschutz, Stellungnahme zum Entwurf eines Gesetzes zur Digitalisierung der Energiewende (BT-Drs. 18/7555, v. 08.04.2016), abrufbar unter: https://www.bundestag.de/blob/417632/acfea8477efc43243a7cb533748496b2/stgn_buettgen_bfdi-data.pdf

Cimiano, Philipp/Herlitz, Carsten, »Smart Wohnen!«, NZM 2016, 409 ff.

Eder, Jost/Wege, Jan-Hendrik vom/Weise, Michael, Das Messstellenbetriebsgesetz ist verabschiedet – Startschuss für den Rollout!, IR 2016, 173 ff.

Heuell, Peter, für den Zentralverband Elektrotechnik- und Elektronikindustrie, Stellungnahme vom 11. April 2016, abrufbar unter: https://www.bundestag.de/blob/417630/e62665d009a79b1c85e1893ca0c79dbd/stgn_sv_heuell_zvei-data.pdf

Jandt, Silke/Roßnagel, Alexander/Volland, Bernd, Datenschutz für Smart Meter – Spezifische Neuregelungen im EnWG, ZD 2011, 99

Kardel, Johanna, für die Verbraucherzentrale Bundesverband e.V., Stellungnahme vom 13. April 2016, abrufbar unter: https://www.bundestag.de/blob/417642/edcfd1451c1df46bcfaef8e4c89cf056/stgn_kardel_vzbv-data.pdf

Keppeler, Lutz Martin, Personenbezug und Transparenz im Smart Meter-Datenschutz zwischen europäischem und nationalem Recht, EnWZ 2016, 99 ff.

Kowalski, Bernd, für das Bundesamt für Sicherheit in der Informationstechnik, Stellungnahme vom 8. April 2016, abrufbar unter: https://www.bundestag.de/blob/417642/edcfd1451c1df46bcfaef8e4c89cf056/stgn_kardel_vzbv-data.pdf

Lange, Knut Werner/Möllnitz, Christina, Die Digitalisierung der Energiewende, EnWZ 2016, 448 ff.

Loew, Holger, für den Bundesverband Erneuerbare Energie e.V. (BEE), Stellungnahme vom 11. April 2016, abrufbar unter: https://www.bundestag.de/blob/417640/155404c49b87e6f8e7128f87783fec78/stgn_loew_bee-data.pdf

Lovens, Sebastian, Das Recht der erneuerbaren Energien, EnWZ 2016, 481 ff.

Lüdemann, Volker/Ortmann, Manuel Christian/Pokrant, Patrick, Das neue Messstellenbetriebsgesetz, EnWZ 2016, 339 ff.

Lüdemann, Volker/Ortmann, Manuel Christian/Pokrant, Patrick, Datenschutz beim Smart Metering – Das geplante Messstellenbetriebsgesetz (MsbG) auf dem Prüfstand, RDV 2016, 125 ff.

Reiners, Wilfried, Datenschutz in der Personal Data Economy – Eine Chance für Europa, ZD 2015, 51 ff.

Säcker, Franz Jürgen, Die Aufgaben der Verteilnetzbetreiber bei zunehmender Erzeugung erneuerbarer Energien und der Digitalisierung der Energiemärkte, EnWZ 2016, 294 ff.

Schäfer-Stradowsky, Simon/Boldt, Benjamin, Energierechtliche Anmerkungen zum Smart Meter-Rollout, EnWZ 2015, 349 ff.

Schucht, Boris, für 50Hertz Transmission GmbH, Stellungnahme vom 04.04.2016 zum Entwurf des Gesetzes zur Digitalisierung der Energiewende, abrufbar unter: https://www.bundestag.de/blob/417638/b6cef030a9b24bb56baf10e2d660adc1/stgn_schucht_50hertz-data.pdf

Till, Karsten, Datenschutzrechtliche Anforderungen bei intelligenten Messsystemen – Das neue »Gesetz zur Digitalisierung der Energiewende«, RDV 2016, 22 ff.

Wege, Jan-Hendrik vom/Wagner, Florian, Digitalisierung der Energiewende, N & R 2016, 2 ff.

Weyand, Martin, Stellungnahme für BDEW Bundesverband der Energie- und Wasserwirtschaft e. V. vom 11. April 2016, abrufbar unter: https://www.bundestag.de/blob/417636/0b1a213eca1ba4e68663be4878ee101e/stgn_weyand_bdew-data.pdf

Wiesemann, Hans Peter, IT-rechtliche Rahmenbedingungen für »intelligente« Stromzähler und Netze – Smart Meter und Smart Grids, MMR 2011, 355 f.

Verzeichnis der Autoren

Vizepräsident Peter Franke/Jenny Gorenstein
Bundesnetzagentur Bonn

Dr. Andreas Gabler
Rechtsanwälte RWP Düsseldorf

Dr. Norman Fricke
AGFW/Der Energieeffizienzverband für Wärme, Kälte und KWK e.V.
Frankfurt am Main

Dr. Markus Böhme/Dr. Konrad Riemer
TaylorWessing Düsseldorf/Freshfields Bruckhaus Deringer LLP Düsseldorf

Udo Sieverding
Bereichsleiter Energie-Verbraucherzentrale NRW

Prof. Dr. Heinrich Amadeus Wolff
Lehrstuhl für Öffentliches Recht, Recht der Umwelt, Technik und Information,
Universität Bayreuth

Stichwortverzeichnis

Anlagenbetreiber 15, 17, 39, 40, 48, 50, 106
Anonymisierung 109
Anschlussnehmer 58, 68–83, 111
Anschlussnutzer 11, 68–74, 77, 80, 82, 83, 100–103, 106, 113, 114
Ausforschungsrisiko 114
Ausstattung, optionale 47
Ausstattungsfrist 46
Ausstattungsgrad 49
Ausstattungsverpflichtung, Begrenzung der 40
Auswahlrechte, 68, 71
– Verhältnis 68, 77

BDSG 107–109, 119, 120, 123
Bestimmtheitsgebot 119
Betriebskostenabrechnung 74
Big-Data 4, 9, 27
Bilanzkreisverantwortliche 8, 106
Blockchain 6, 18, 89–92
Blockchain-Unternehmen 17
Branchenregelungen 8
Bündelangebote 74

Community-Modelle 89

Datenerhebung 24, 25, 101, 103, 106, 117, 122
Datenkategorien 110
Datenkommunikation 67, 100, 104–106
Daten, personenbezogene 9, 98, 110
Datenschutz 11, 13, 18, 21, 25, 95, 96, 98, 99, 102, 104, 109, 111, 116, 121, 123
Datenschutzgesetz, bereichsspezifisches 123
Datenschutzgrundverordnung 120
Datenschutz und Technik 108
Datensicherheit 11, 13, 21, 104, 109, 115

Datenverbrauch 117
Datenverwendung 105, 115
Datenzugang 29
Direkterhebung 110
Direktvermarktungsunternehmer 39, 48
Diskriminierungsverbot, kartellrechtliches 61
Doppelabrechnungen 48

Effizienzpotenziale 2, 3
Effizienzvorteile 32
Einbauverpflichtung 38
Einsparungen 82, 86
Elektromobilität 6, 16, 20
Energieeinsparung 53, 85
Energie-Internet 6
Energienetz, intelligentes 35
Entsoldidarisierung 92
Entwicklungsdynamik 22
Ersatzwertbildung 10, 104
EU-Binnenmarktpaket 2009 37
Exklusivität, von Daten 28

Fernwärme 55, 57–59, 62–65, 72
Fernwärmerecht 61
Fernwärmesektor 56–58, 60, 61, 63, 65
Fernwärmeversorgungsunternehmen 59–62, 64, 65
Fernwärmewirtschaft, digitale 56

Gassektor 55, 57, 61, 63
Gefahrenpotenzial 113
Geschäftsmodelle,
– datengetriebene 22, 27, 28
– digitale 4, 12, 21
Grundrechte 112, 119
Grundrechtskonformität 115
Grundsatz, Erforderlichkeit 118, 119

Haushalt 87, 88, 91
Haushaltsstromverbrauchsanteil 87
Heizwärme 58, 72

Industrie 4.0 2, 27
Informationspflichten 122
Informationsrecht 122
Informationsverpflichtung des grundzuständigen Messstellenbetreibers 50
innovative Geschäftsmodelle, Fallbeispiele 15
Intelligenz, künstliche 88
Interoperabilität 8, 18, 21
Intransparenz der Datenerhebung 114
Investitionskosten 75, 76
IT-Sicherheit 18, 57, 63

Jahresstromverbrauch 43

Kleinanlagen, dezentrale 16
KWK-Anlagen 37, 40, 43, 55, 64

Lastverschiebung 87
Laufzeit 58, 75, 76, 82
Lebensgewohnheiten 114
Letztverbraucher 69, 73, 81, 92, 103, 105
Lieferantenwechsel 70, 91, 103
Lock-In-Effekte 24

Marktabgrenzung 25
Marktbeherrschung 62
Marktmacht 4, 23, 25, 26, 29, 32
Marktmachtkonzentrationen 25
Messcomputersystem 100
Messstellen, 58, 68–70, 91, 104, 122
– Ausstattung von 38–41, 46, 48, 50
– Liberalisierung von 96
Messstellenbetreiber
– Auswahl von 57, 71, 78
– grundzuständiger 10, 59, 69, 73
– wettbewerblicher 70, 75, 78–80, 83
Messstellenverträge, laufende 68, 75, 83
Messsysteme, intelligente 11, 58, 67, 73, 98, 99, 106, 108, 109, 112, 117
Messtechnik 54, 62, 65, 76, 96, 97, 114, 115
Messwertaufbereitung 70, 104
Messzugangsverordnung 68, 96, 104, 107

Nachrüstbarkeit 38
Netzbetrieb, 7, 9, 11, 13, 14
– Datenanalysen 3, 12, 13, 17
Netzmonopole 4
Netzsektoren, regulierte 3, 19, 22, 25, 29
Netzwerkeffekte 24, 32
Netzzustandsdaten 101, 114

Öffnungsklausel 120, 121
Ökonomie, digitale 22–26, 28, 32, 33

Personenbeziehbarkeit 101
Pilotphase 85
Plattformbetreiber 20, 22
Plattformökonomie 21
Plausibilisierung 10, 104
Power-to-Heat 55
Preisangaben 50
Preisblätter 50
Preismodelle, innovative 57, 60
Preisobergrenzen 10, 39, 43–45, 48, 51
Prosumer 13, 88, 89, 92, 103, 105, 106
Prozessdaten 29
Prozessdigitalisierungen 7
Pseudonymisierung 109
PV-Anlage 88, 89

Recht auf informationelle Selbstbestimmung 102, 112
Revolution, vierte industrielle 2
Rollout 10, 68, 86

Sektorkopplung 16, 17
Skaleneffekte 21, 24, 28
Smart Contracts 91
Smart Grid 14, 67, 98
Smart Home 19, 87, 88
Smart Meter 10, 11, 55, 58, 59, 68, 72, 83–87, 99, 114, 117
Smart-Meter-Gateway 10, 55
Smart-Meter-Gateway-Administrator 11, 68
Solarstrom 88
Standardisierung 8, 18
Stromeinsparpotentiale 86
Stromsektor 53, 56
Systemstabilität 14, 85

Stichwortverzeichnis

Transformation, digitale 3, 5, 19
Transparenz 13, 26, 27, 67, 98

Übertragungsnetzbetreiber 3, 18, 99

Veränderung, digitale 2
Verbraucherschutz 4, 13, 22, 25, 85
Verbraucherverbände 86
Verbrauchsdaten 113
Verbrauchsverhalten 9, 12, 20, 105
Verbundeffekte 24
Verfassungskonformität 115
Verhältnismäßigkeit, Grundsatz 118
Verknüpfungsmöglichkeit 114
Verletzungsverdacht 110
Vertragsfreiheit 31, 61, 81, 82
Verwendungsmöglichkeiten 28, 114
Virtuelle Kraftwerke 15
Vorbehalt der technischen Möglichkeit 37, 41

Vorbehalt der wirtschaftlichen Vertretbarkeit 43, 106
Vorratsdatenspeicherung, Verbot der 116

Wärme 16, 54, 55, 57, 59, 60, 63, 64
Wärmelieferung 58
Wertschöpfung 27, 32, 33
Wertschöpfungsstufen 4, 5, 12, 13, 15, 20, 29, 30, 32
Wettbewerb 5, 22, 25, 26, 28, 30, 31, 62, 70, 71, 87, 89, 91, 96
Wettbewerbsbedingungen 4, 30

Zähler, intelligenter 54, 85
Zählerstandsgangmessung 103
Zählpunkte 68, 71, 72
Zugangsregime 31

ENERGIERECHT

Beiträge zum deutschen, europäischen
und internationalen Energierecht

herausgegeben von
Jörg Gundel und Knut Werner Lange

Die Schriftenreihe *Energierecht* (EnergieR) trägt der praktischen Bedeutung und rechtlichen Komplexität des Energierechts Rechnung, die in den letzten Jahren sprunghaft gestiegen sind. Das Energierecht ist zu einem weit ausgreifenden Rechtsgebiet geworden: Vertikal erfasst es das nationale Recht ebenso wie die internationale und die supranationale Ebene; horizontal verbindet es Rechtsfragen des öffentlichen Rechts und des Privatrechts. Trotz seiner hohen Relevanz und Entwicklungsgeschwindigkeit ist das Energierecht in seiner Gesamtstruktur dogmatisch bislang nur schwach durchdrungen. Die Schriftenreihe will zur Schließung dieser Lücke beitragen. Sie zielt gleichermaßen auf das öffentliche wie auf das private Energierecht in seiner europäischen und internationalen Verflechtung ab und veröffentlicht herausragende Arbeiten aus der gesamten Breite des Rechtsgebiets.

ISSN: 2190-4766
Zitiervorschlag: EnergieR

Alle lieferbaren Bände finden Sie unter *www.mohr.de/energier*

Mohr Siebeck
www.mohr.de